MERTENS 1970

SOUVENIRS

D'UN

VOYAGE EN PALESTINE

DANS LA SUITE DU PRINCE DE JOINVILLE

PAR

Philémon DOLLIEULE

Ancien Officier de Marine,
Chevalier de la Légion d'Honneur.

MARSEILLE
IMPRIMERIE MARSEILLAISE
39, Rue Sainte, 39.

1888

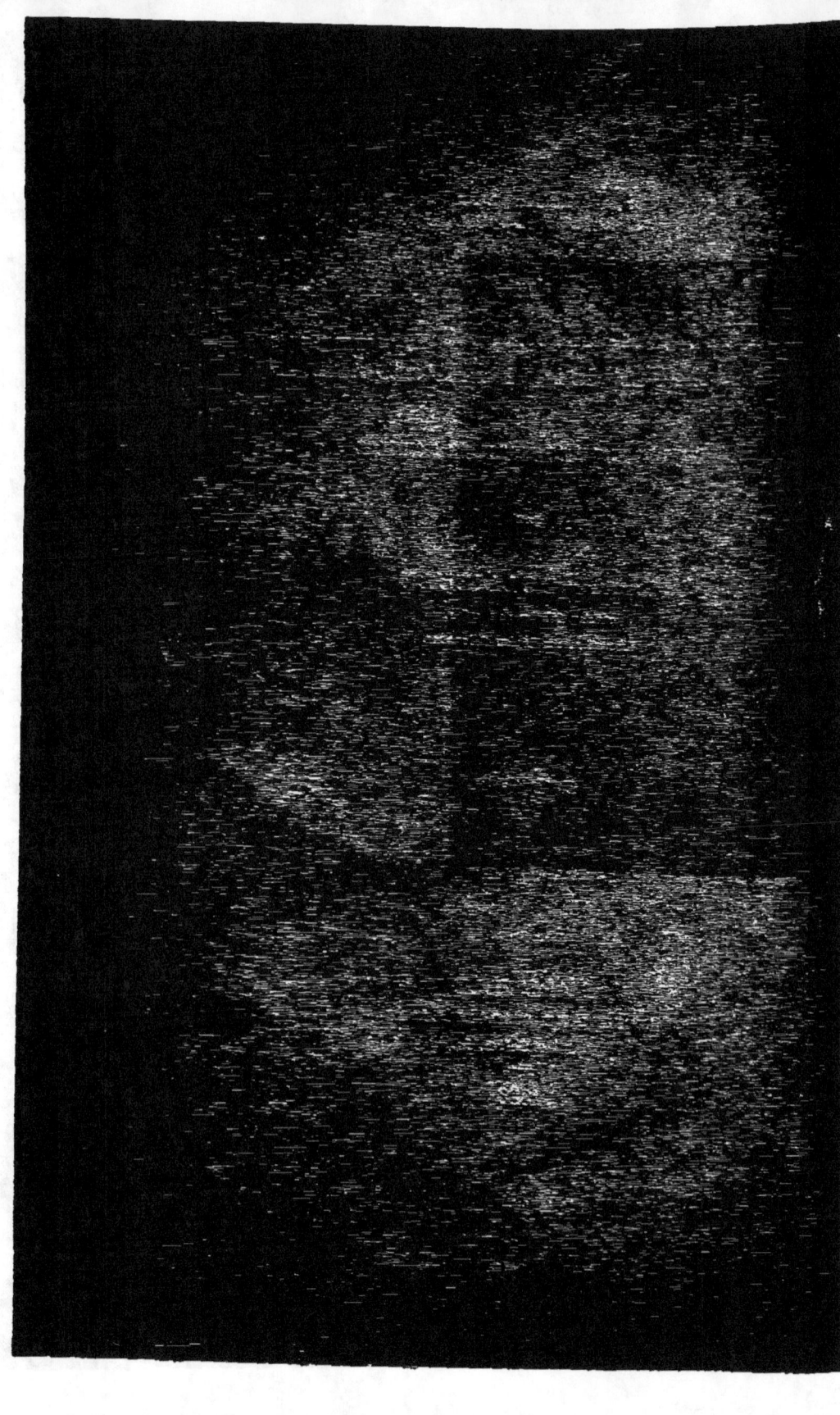

| 1/69 | Voyages |

DOLLIEULE Philémon

Souvenirs d'un voyage en Palestine dans la suite du Prince de Joinville

Marseille Marax Imp. Mars 1888

VOYAGE EN PALESTINE

PALESTINE
Région visitée par le Prince de Joinville

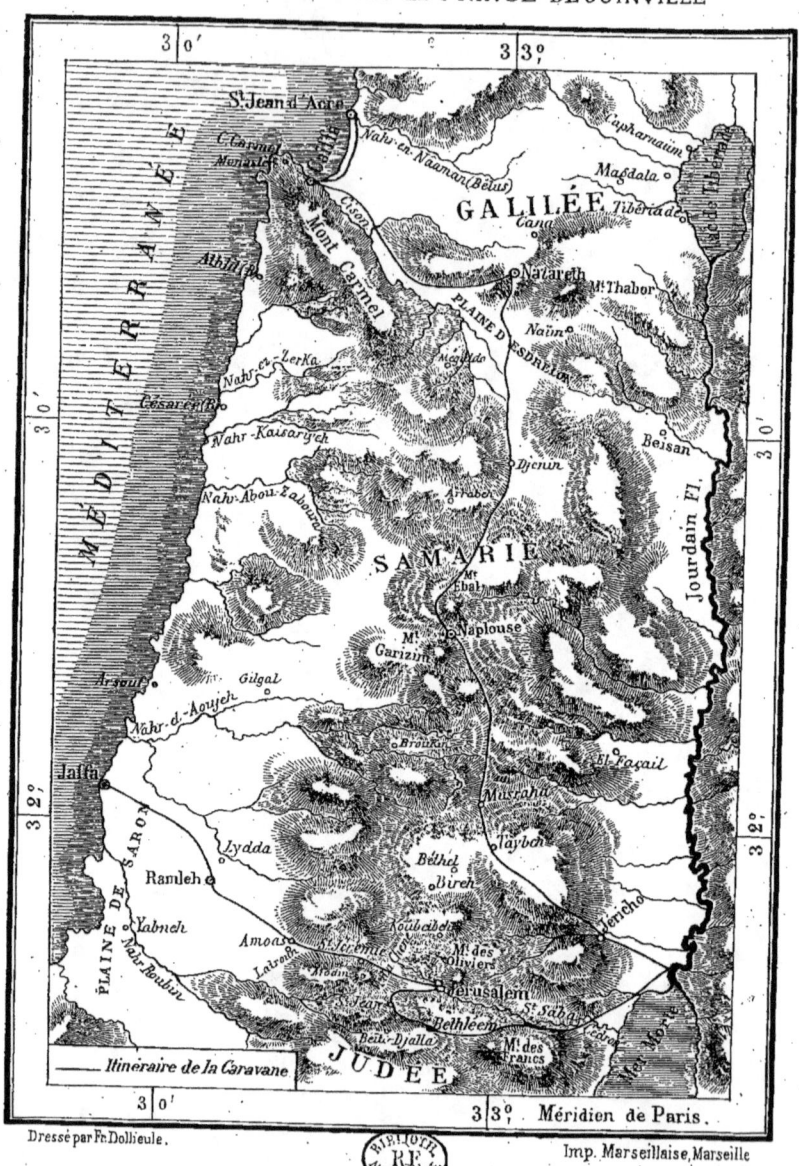

SOUVENIRS

D'UN

VOYAGE EN PALESTINE

DANS LA SUITE DU PRINCE DE JOINVILLE

PAR

Philémon DOLLIEULE

Ancien Officier de Marine,
Chevalier de la Légion d'Honneur.

MARSEILLE
IMPRIMERIE MARSEILLAISE
39, Rue Sainte, 39.

1888

AU LECTEUR

Les pages qui suivent sont extraites des manuscrits d'un parent regretté dont nous avons naguère publié une autre œuvre posthume, une notice historique sur l'ermitage Sainte-Christine de Solliès-Pont, qui a été appréciée (1).

Tandis que sa monographie de l'ermitage de Solliès a passé entre nos mains toute transcrite pour l'impression, ce récit succinct d'un voyage effectué en Palestine aux débuts mêmes de sa carrière de marin, en 1836, quand il n'était qu'aspirant, n'était pas destiné au public. En y relevant, peu après son retour au port d'attache, les notes hâtives qu'il avait prises sur place et jour par jour, le jeune élève de marine s'était simplement proposé de mieux fixer pour lui-même ses propres souvenirs, tout au plus encore de satisfaire la pieuse curiosité d'un cercle restreint de parents et d'intimes. Sa relation nous a cependant paru de nature à intéresser même aujourd'hui bien des lecteurs.

Elle rapporte, en effet, sur les voyages d'instruction de S. A. R. le prince de Joinville, dans la suite duquel l'auteur

---

(1) *L'Ermitage Sainte-Christine de la paroisse de Solliès-Pont (Var)*, *notice historique*, par Philémon Dollieule, ancien officier de Marine. — Solliès-Pont, 1882.

s'est trouvé, d'un prince que la marine est fière de compter au nombre de ses illustrations, un épisode qui n'a fait l'objet d'aucune autre relation, à ce que nous croyons, et mérite d'être connu.

En même temps elle nous fournit, sur les Lieux saints de la Palestine, bien des données précises qui, malgré leur date, pourront être utiles. Nous les complèterons en indiquant en notes, au bas des pages, les changements importants que le temps a amenés, les restaurations qui se sont faites. Nous rectifierons encore, en passant, au sujet de quelques points se prêtant à la controverse, des interprétations qui étaient admises au commencement de ce siècle et qu'une critique plus rigoureuse a modifiées ou rejetées.

Nous accompagnons le texte d'une carte où l'on trouvera, avec l'itinéraire suivi par la caravane, toutes les localités dont il est fait mention.

Frédéric DOLLIEULE,
Ancien Magistrat.

Marseille, octobre 1887.

SOUVENIRS
d'un
VOYAGE EN PALESTINE

I

De Toulon à Jaffa.

Le 6 août 1836, la frégate l'*Iphigénie*, en armement dans le port de Toulon, commandée par M. le capitaine de vaisseau Parseval-Deschênes (1), recevait à son bord S. A. R. le prince de Joinville et son aide de camp, M. Hernoux, capitaine de corvette. Le prince de Joinville, qui avait déjà fait quelques croisières sur les côtes de France, d'Italie et d'Angleterre, ainsi que dans la mer des Açores, venait entreprendre dans la Méditerranée une nouvelle campagne d'étude, plus complète que les précédentes.

Dans la soirée même, à sept heures, nous appareillâmes et fîmes voile sur le Levant, escortés par le brick le *Ducouëdic*.

Le 11, nous fûmes en vue des côtes de Carthage, où nous cherchâmes en vain l'escadre de l'amiral Hugon

---

(1) Nommé contre-amiral en 1840, amiral en 1854, après l'expédition dans la Baltique; mort en 1860.

que le prince espérait y trouver. Sans toucher à Tunis, nous continuâmes notre route sur Malte. Le 16, nous mettions en panne devant ce port, pour prendre des nouvelles de l'escadre. Nous apprîmes qu'elle était dans les eaux de l'Archipel.

Nous prîmes la même direction en passant par Navarin que nous reconnûmes le 19, de très bon matin. Nous longeâmes Sphactérie dont les rivages montrent encore, épars à la surface du sol, les ossements blanchis des Turcs qui s'étaient réfugiés dans cette île après la bataille de Navarin. Nous doublâmes bientôt le cap Matapan, le Ténare redouté des anciens, et jetâmes les ancres le 21, pendant la nuit, devant Milo.

Le 22, nous y vîmes arriver le *Sylphe*, qui portait à l'amiral Hugon l'ordre de rentrer en France.

Le 23, nous remîmes à la voile, après avoir parcouru la ville de Milo et ses restes d'antiquité. Le 24, nous mouillâmes à Spetzia, le 26 à Hydra, le 27 à Nauss, le 2 septembre à Syra ; puis nous cinglâmes sur Smyrne. Le 7 septembre, au matin, nous apercevions la haute montagne de Kara-Bouroun qui domine le golfe. Le lendemain l'*Iphigénie* mouillait dans le port, près du quai d'embarquement.

Dix jours de relâche, du 8 au 17, nous permirent de faire ample connaissance avec Smyrne et ses environs et de parcourir les îles Ourlac. Le 18, nous appareillâmes pour Rhodes, en passant très près de l'antique Phocée, assise sur le côté gauche du golfe, non loin de l'entrée. Nous saluâmes également, sur notre route, avec l'île de Chio et ses traditions remontant à Œnopion et aux Pélasges, le rivage de Samos où naquit Pythagore, Léros, Calimnos et la patrie d'Hippocrate, Cos, dont nous distinguâmes aisément le gigantesque et vénérable platane consacré à la mémoire du père de la médecine.

Le 20 septembre, au matin, nous abordâmes à Rhodes,

Dans la journée nous visitâmes la ville en détail, ses fortifications élevées par les chevaliers, ses rues bordées de maisons gothiques aux portes armoriées et les restes du palais du grand maître.

Le lendemain, nous allâmes mouiller dans la baie de Makri, en Caramanie.

De Makri nous fîmes voile sur les côtes de Syrie par Chypre où nous prîmes le mouillage de Larnaka, le port le plus important de l'île. Le 29 septembre, dans la matinée, nous arrivâmes devant Lattakiéh ; nous en partîmes le soir même pour Tripoli. Le lendemain matin nous amarrions devant la Marine.

Nous y fîmes une escale de trois jours. Pendant ce temps, le prince et une partie de l'état-major allèrent visiter le Liban. Les Maronites, dont les sympathies sont si profondes pour la France, en donnèrent au prince des témoignages touchants, particulièrement à Éden, village tout près de la forêt des Cèdres. Le fils du scheick se joignit à sa suite jusqu'à bord de l'*Iphigénie*. Le 4 octobre, à 1 heure du matin, nous mîmes à la voile pour Beyrouth.

Nous y parvînmes en quelques heures. Dans l'après-midi, nous parcourûmes la ville qui n'offre au visiteur rien de bien remarquable, sauf les vieilles murailles qui l'entourent, les vestiges d'un théâtre antique et des colonnes mutilées. (1) La nuit suivante, à 3 heures, nous appareillâmes pour Jaffa, où le prince désirait débarquer pour visiter la Terre-Sainte en la remontant jusqu'à Caïffa.

Le vent était favorable. Nous continuions à longer cette

---

(1) On sait que l'importance de Beyrouth, comme place commerciale, ne remonte guère au delà d'une cinquantaine d'années.

C'est vers la même époque qu'ont été commencés les travaux qui ont donné à la ville son aspect actuel, semi asiatique, semi européen avec ses élégantes constructions de toutes sortes et ses voies nouvelles. Bien qu'elle soit déjà célèbre dans toute la Syrie, l'Université que la Compagnie de Jésus y a fondée, pour la restauration des fortes études en Orient, est une création toute récente.

côte syrienne qui vit s'élever et disparaître la plus grande puissance maritime de l'antiquité. Dans l'après-midi nous passâmes en vue de Sidon (aujourd'hui *Saïda*), puis de *Sour*, l'ancienne Tyr. De pauvres habitations massées sur le rivage indiquent à peine l'emplacement de chacune de ces cités jadis si florissantes. Leurs ports sont abandonnés. Nous aperçûmes aussi le mont Carmel qui, du temps de l'historien Josèphe, dépendait du royaume de Tyr et que le Christianisme naissant peupla de ses pieux cénobites.

Nous avions déjà laissé Caïffa, assis au bas du cap Carmel, et Saint-Jean d'Acre, situé en face de Caïffa, sur le côté nord du golfe qui baigne ces deux villes.

Le lendemain, 6 octobre, au matin, nous nous trouvions devant Jaffa.

Je venais d'être compris au nombre des personnes qui devaient accompagner le prince dans sa visite aux Lieux Saints. Je ne m'attendais pas à cette faveur. Aussi la joie que j'en éprouvai fut-elle des plus vives.

II

De Jaffa à Jérusalem.

Dès notre débarquement, vers midi, nous nous rendîmes chez le consul français, M. Damiani, qui, de concert avec les autorités locales, s'était chargé du soin d'organiser la caravane (1).

Nous y reçûmes la visite des Pères Franciscains de

(1) Le vilayet actuel de Syrie, dont l'ancienne Palestine fait partie, se trouvait alors, avec le Liban et le district d'Adana, au pouvoir du vice-roi d'Egypte, à qui le traité de Kutayeh, en date du 14 mai 1833, sanction-

l'hospice de Jaffa. Cette communauté ne se compose actuellement que de huit religieux. Comme toutes celles qui se trouvent en Palestine, elle relève du couvent de Jérusalem.

Pendant que l'on mettait la main aux derniers préparatifs, nous parcourûmes l'intérieur de la ville, sans que l'on pût nous faire voir quelque vestige important du passé. Jaffa, autrefois *Joppé*, ne laisse pas néanmoins d'être une des plus anciennes villes de la Syrie. L'Ecriture la mentionne en divers passages. Ce fut à Joppé que le roi de Tyr, Hiram, fit transporter par radeau les cèdres et les divers matériaux destinés à la construction du temple du vrai Dieu. Le prophète Jonas s'y embarqua pour Tharsis. Les Macchabées s'en emparèrent à plusieurs reprises, la relevèrent de ses ruines et rétablirent son port.

Jaffa compta bientôt un grand nombre de chrétiens. Constantin y établit un siège épiscopal qui subsista jusqu'en 636, époque de l'occupation arabe. Les Croisés y entrèrent en 1096. Ils en firent un comté qui appartint successivement à Hugues du Puiset, à Amaury, frère de Baudouin III, et à Guillaume Longue-Epée, marquis de Montferrat, pour passer plus tard aux de Lusignan.

Les faits qui ont marqué ou suivi la prise d'assaut de cette place par Bonaparte au mois de mars 1799, sont connus de tous. On nous indiqua, au bord du rivage, les îlots sur lesquels les prisonniers arabes furent fusillés.

A 5 heures, tout était prêt pour le départ. Nous nous mîmes aussitôt en route. Le gouverneur de Gaza nous

---

nant les faits accomplis, en avait garanti la possession. Le traité de Londres signé le 15 juillet 1840 par la Russie, la Prusse, l'Autriche et l'Angleterre, sans l'intervention de la France, aussitôt mis à exécution par les puissances signataires et ratifié en partie par la convention des Détroits, a fait retomber ces territoires sous la domination plus lourde du sultan.

accompagnait, ainsi que le fils du consul de Jaffa, qui devait nous servir d'interprète. L'escorte se composait d'une soixantaine d'Arabes de la cavalerie irrégulière de Méhémet-Ali, tous excellents cavaliers, maniant leurs armes et leurs chevaux avec une facilité surprenante dont ils ne manquèrent pas de faire montre à la sortie des portes.

Les jardins qui entourent la ville justifient bien la réputation dont ils jouissent. Ce sont autant de parcs fermés par des haies de cactus, où viennent admirablement le grenadier, le figuier, le citronnier et l'oranger. La route, elle-même, se poursuit quelque temps au delà de la lisière des jardins, bordée de figuiers de Barbarie d'une épaisseur peu commune.

Elle s'engage ensuite dans la célèbre plaine de Saron, dont la plus grande étendue est, du sud au nord, de Gaza au mont Carmel. L'Ecriture en loue la beauté. Nous n'y traversâmes cependant, à l'exception de quelques plantations d'orge, de maïs et de coton, que des champs paraissant en friche. De fortes crevasses, occasionnées par les chaleurs excessives de la contrée, sillonnaient le sol de toutes parts. Peut-être, à d'autres époques de l'année, cette vallée est-elle plus cultivée.

Chemin faisant, on voit plusieurs fontaines. Ce sont des fondations pieuses établies par de riches habitants du pays. L'une d'elles marque l'endroit où, selon la tradition locale, la sainte Famille s'arrêta, lors de la fuite en Egypte.

A neuf heures du soir nous arrivâmes à Ramla ou Ramleh, village arabe assis dans un site agréable, au milieu des sycomores et de toutes sortes d'arbres fruitiers. Quelques auteurs ont cru y reconnaître l'ancienne Arimathie, patrie de Joseph, le disciple secret qui donna la sépulture à Notre-Seigneur. D'autres en ont fait Ramatha, patrie de Samuel.

Ce fut une des premières villes dont s'emparèrent les Croisés.

Nous descendîmes au couvent des Pères Franciscains, où toutes les dispositions avaient été prises pour nous recevoir avec notre escorte. Pendant la nuit un violent orage se leva. Du fond des cellules que nous occupions, nous entendions le vent souffler avec une véhémence singulière et la pluie tomber par torrents ; cette tempête fut heureusement de courte durée. A quatre heures du matin le ciel était déjà sans nuages.

A cinq heures, nous nous remîmes en course. La plaine que nous parcourions était la même qu'en deçà de Ramleh. Les chemins y sont sablonneux, mais bons pour les chevaux, car la couche de sable est légère.

A quelques lieues de Ramleh nous traversâmes le village d'Amoas que certains auteurs ont pris pour Emmaüs, à cause de la ressemblance des noms (1). Plus loin on laisse à sa droite, au sommet d'un petit coteau qui descend jusqu'au chemin, un misérable hameau appelé Latroun. Ce serait la patrie du bon larron.

Bientôt nous nous trouvâmes à l'entrée des montagnes de Judée, puis sur les premières rampes. Le chemin est alors scabreux, presque toujours pratiqué au fond d'une gorge. Après avoir décrit maintes sinuosités, il gravit un escarpement au sommet duquel le voyageur jouit d'un panorama qui lui fait oublier ses fatigues : d'un seul coup d'œil on y aperçoit, du midi au couchant, la plaine de

(1) Il est aujourd'hui hors de doute que le village arabe d'Amoas ou Amouas est bien l'Emmaüs de l'Ancien Testament et de Josèphe qui fut témoin de la victoire de Judas Machabée sur les Syriens, devint sous les Romains le chef-lieu d'une toparchie, fut incendié, au commencement de notre ère, par Quintilius Varus et plus tard reconstruit sous le nom de Nicopolis. Il est moins établi qu'il soit encore l'Emmaüs évangélique, sur le chemin duquel Notre-Seigneur se manifesta à deux de ses disciples le jour même de la Résurrection et où il se fit reconnaître à la fraction du pain. Bien des présomptions militent cependant en faveur de cette position. Ceux qui distinguent deux Emmaüs persistent à placer le second à Koubeibeh, à 11 kilomètres nord-ouest de Jérusalem.

Saron depuis Gaza jusqu'à Césarée, la Méditerranée, Jaffa et ses riches cultures, en contraste avec les tristes vallons que l'on vient de franchir. Devant nous s'ouvrait la vallée de Saint-Jérémie.

Nous y descendîmes et atteignîmes le village arabe que les voyageurs chrétiens désignent généralement sous le nom de Saint-Jérémie: c'est l'ancienne cité d'Anathoth, où naquit l'auteur des *Lamentations* (1). Nous y prîmes quelques instants de repos.

On y voit une vieille église assez bien conservée, mais transformée aujourd'hui en écurie. Elle était desservie au siècle dernier par des religieux latins que les violences et les vexations incessantes des Arabes ont contraints à abandonner ces lieux.

Au delà de Saint-Jérémie, les mauvais chemins se prolongent jusqu'à la vallée du Térébinthe ou du Chêne. C'est au fond de cette vallée que David combattit le géant Goliath. Sur l'une des collines qui la resserrent était campée l'armée des Philistins, sur l'autre celle des Israélites.

La vallée franchie, le pays devient un peu plus fertile: quelques coteaux se chargeaient de vignes.

Nous ne tardâmes pas à apercevoir, venant à notre rencontre, le gouverneur de Jérusalem, Assan-Bey, et le vicaire général du couvent, escortés d'une cinquantaine de

---

(1) D'après nos auteurs les plus accrédités, le village arabe dont il s'agit ici et dont le véritable nom est *Kiriet-el-Anab*, avec le surnom tout moderne d'*Abou-Goch*, ne serait nullement l'ancienne Anathoth, que l'on avait cru y reconnaître. Quelques-uns placent cette ancienne cité tout près de Tell-el-Foul, au hameau d'Anata où des fouilles effectuées en 1874 ont mis à jour des vestiges importants.

L'église de Kiriet-el-Anab, dite de Saint-Jérémie, élevée dans le courant du XIIe siècle en l'honneur du saint prophète, demeurée debout avec ses trois belles nefs, ses trois absides et quelques restes de peintures murales, ne méritait pas moins, par elle-même, d'être tirée de son abandon. Sur l'intervention de l'ambassade française, elle a été restituée, il y a quelques années, aux Pères Franciscains, qui la remettront dans son état primitif, avec son ancien couvent.

cavaliers. Nous étions cependant encore assez éloignés de la Ville sainte. Le gouverneur et le Père franciscain souhaitèrent la bienvenue au prince et leurs cavaliers se joignirent aux nôtres.

Nous chevauchâmes encore une heure puis, tout à coup, dans le lointain, une masse blanchâtre environnée de murailles et de tours carrées, avec des coupoles et des minarets, s'offrit à nos regards..... C'était Jérusalem.

Il est impossible de dire ce qu'on éprouve à cette vue qui attriste l'âme et semble rappeler au pèlerin la malédiction dont a été frappée la cité déicide.

La population entière s'était portée sur notre passage ; elle encombrait les bords du chemin et saluait le prince par de singulières acclamations. Ces acclamations, poussées par les femmes et les filles, consistaient en un certain nombre de phrases récitées sans chant par l'une d'elles et un refrain semblable à un roucoulement, répété par toutes les autres.

C'est par la porte de David que nous fîmes notre entrée dans la ville. Nous parcourûmes une rue étroite et nous nous trouvâmes au couvent Saint-Sauveur, où l'escorte nous laissa.

Les religieux nous conduisirent aussitôt dans leur salle de réception, une grande salle au fond d'un long corridor, meublée de divans d'apparat et décorée d'un certain nombre de portraits de souverains, parmi lesquels j'ai remarqué celui de Charles X.

III

La Voie Douloureuse, le Saint-Sépulcre, le Couvent Saint-Sauveur.

Après quelques moments de repos qui nous étaient bien nécessaires, nous allâmes rendre visite au Gouverneur. Le prince lui exprima son désir d'être admis à pénétrer dans la grande mosquée bâtie sur les ruines du Temple, ce qui n'avait été accordé jusqu'ici à aucun chrétien. Assan-Bey, qui avait reçu du vice-roi les instructions les plus formelles en notre faveur, accéda sans difficulté à cette demande. Il fut alors convenu que nous emploierions le reste de la journée à voir les monuments chrétiens de l'intérieur de la ville et que le lendemain nous serions introduits dans la mosquée, pour continuer ensuite nos courses.

En sortant de la maison du gouverneur, nous commençames la visite des Saints-Lieux par la Voie Douloureuse.

On nous montra tout d'abord la maison de Pilate ou, plutôt, l'emplacement qu'elle occupait ; car les vieux pans de murs, derniers restes de l'édifice, mentionnés par les voyageurs modernes, ont disparu dans ces dernières années (1).

A quelques pas, à droite, est une ancienne chapelle érigée sur le lieu même de la flagellation. Les Turcs s'en étaient emparés, il y a environ deux siècles. Ils viennent de la rendre aux religieux latins, toute ruinée à la vérité.

Plus loin, à cinquante pas, on passe sous l'arc de l'*Ecce-*

---

(1) Cet emplacement est actuellement occupé par une caserne turque, dans l'intérieur de laquelle on peut voir les débris d'une très vieille église consacrée à sainte Sophie et une chapelle chrétienne transformée en édicule musulman.

Homo, une arcade en pierres de construction romaine, exactement perpendiculaire à la rue (1). On y voyait encore, il y a peu de temps, la fenêtre du haut de laquelle Pilate présenta Notre-Seigneur à la plèbe juive, après la flagellation et le couronnement d'épines.

On atteint ensuite l'endroit où, le Sauveur succombant sous sa croix, Simon le Cyrénéen l'aida à la porter. Ici la rue contourne et monte plus sensiblement.

Tout près de là, à gauche, est la place où se trouvait Marie, quand elle rencontra son divin Fils, chargé de l'instrument du supplice. Un peu plus loin, du même côté, s'élève une maison construite sur l'emplacement de celle de sainte Véronique. On montre aussi, toujours à gauche, l'endroit où Notre-Seigneur, s'adressant aux filles de Jérusalem en pleurs, les exhorta à ne point pleurer sur lui, mais sur elles-mêmes et sur leurs enfants. Autrefois, à cet endroit, la rue tournait à gauche, dans la direction

---

(1) C'est contre cet arc, sur le côté septentrional de la voie, que s'élève depuis une vingtaine d'années le couvent des Dames de Sion, ou de l'*Ecce-Homo,* fondé par le P. Marie de Ratisbonne. Les travaux de démolition des constructions plus ou moins modernes adossées à l'arc ont dégagé une petite baie latérale et une niche interposée qui se voient dans la chapelle du couvent. Ils ont aussi mis à découvert un large pavage en dalles, un immense souterrain se dirigeant sur le Temple, un aqueduc et plusieurs grandes citernes, Tout semble prouver que c'était bien là l'une des issues de la cour du palais du gouverneur.

En l'état, sans examiner le mérite de la pieuse croyance qui a placé au sommet de l'arc la scène de l'exposition du Christ, il y a toujours lieu de voir dans le monument même l'un des témoins contemporains de la condamnation du Sauveur. Telle est, du moins, malgré les difficultés soulevées à ce sujet, la conclusion d'un éminent critique. « Je crois et je suis convaincu, dit M. Victor Guérin, que sous la baie centrale de l'arc de l'*Ecce-Homo,* que cet arc soit l'ouvrage d'Hérode ou qu'il ait été restauré par Hadrien ou par Constantin, l'Homme-Dieu, le Roi des Juifs et du monde a passé, il y a bientôt dix-neuf siècles, le front ensanglanté par une couronne d'épines, le corps déchiré par les verges, la face meurtrie par les soufflets..... En faut-il davantage pour imprimer à l'arc de l'*Ecce-Homo* un caractère à jamais sacré ? » (*La Terre-Sainte, son histoire, ses souvenirs, ses sites, ses monuments,* p. 88.)

du Calvaire. Elle a été bouchée et le contour n'a lieu qu'un peu plus haut, au point où se trouve une vieille colonne encore debout, haute d'une quinzaine de pieds, celle sur laquelle fut affichée la sentence de mort.

Ici se termine la Voie Douloureuse. Elle peut avoir un mille de longueur ; elle va toujours en montant, mais avec une pente qui n'est jamais très prononcée. Le Golgotha était, en effet, peu élevé (1).

Nul chrétien ne parcourra sans émotion ces lieux où, à chaque pas, se présente le souvenir de quelques-unes des souffrances et des douleurs que l'Homme-Dieu endura avant de consommer le grand sacrifice qui devait racheter l'humanité coupable.

Nous étions arrivés à la basilique du Saint-Sépulcre, qui est à l'extrémité même de la rue.

On descend quelques marches et l'on se trouve sur une petite place longue et large d'une trentaine de pieds. Des deux côtés sont des chapelles desservies, l'une par les Arméniens, l'autre par les Grecs. Sur la gauche se dresse une tour carrée, éclairée de plusieurs ouvertures entourées de frises élégantes. Au fond se présente l'entrée de la basilique du Saint-Sépulcre.

La façade a deux portes d'entrée accolées l'une à l'autre : celle de droite est murée. Directement au-dessus des portes sont deux grandes fenêtres correspondantes. Les

---

(1) Cette assertion pouvant surprendre quelques lecteurs, tout en étant absolument exacte, nous croyons devoir faire observer combien il est facile de l'accorder avec les textes sacrés.

Loin de présenter, effectivement, le Golgotha sous l'aspect d'une montagne ou, tout au moins, d'une colline d'une certaine élévation, ainsi que beaucoup le présument, ces textes n'éveillent pas même l'idée d'une hauteur. Saint Mathieu dit seulement : « *Et venerunt in locum qui dicitur Golgotha, quod est Calvariæ locus*. Et ils vinrent en un lieu appelé Golgotha, c'est-à-dire lieu du Calvaire. » (Ch. XXVII, v. 33). Les trois autres évangélistes indiquent aussi le Calvaire ou Golgotha comme un simple emplacement.

colonnes, les chapiteaux et toutes les sculptures qui servent d'ornementation à l'extérieur sont en marbre.

A l'intérieur, la basilique peut être considérée comme se composant de trois églises juxtaposées l'une à l'autre : l'église proprement dite du Sépulcre, celle du Calvaire et la chapelle de Sainte-Hélène.

On pénètre, tout d'abord, dans l'église du Sépulcre.

A quelques pas, en entrant, et vis à vis la porte, on nous montra une pierre rectangulaire, en marbre, placée sur le sol ; elle indique le lieu où Joseph d'Arimathie et Nicodème oignirent le corps du Christ de myrrhe et d'aloès. Des cierges allumés nous y furent donnés, pour faire les stations.

En ce moment l'église était illuminée de tous côtés : l'encens fumait et les orgues accompagnaient d'une musique mélodieuse les chants plus graves des moines de toutes nations qui nous suivaient. En tournant à gauche et à une vingtaine de pas de la pierre de l'Onction, on entre dans une vaste rotonde surmontée d'un dôme magnifique et décorée d'un double étage de colonnes et d'arcades en marbre. Le dôme repose sur la galerie supérieure.

C'est au centre de cette rotonde que se trouve le petit édifice du Saint-Sépulcre. Une salle rectangulaire, dite *Chapelle de l'Ange*, en occupe le seuil et sert de vestibule au sépulcre. On y voit, au milieu, une colonne portant à son sommet une pierre grisâtre : c'est une portion de la grosse pierre qui avait été apposée devant l'entrée du sépulcre et que l'ange renversa le jour de la Résurrection, au moment de la venue des saintes femmes.

La chambre sépulcrale fait immédiatement suite à la salle précédente. Elle est si étroite que trois personnes n'y sont pas à l'aise. Le tombeau du Sauveur s'y élève contre l'une des parois du roc, à la hauteur de deux pieds. Il est tout revêtu de marbre. Quarante-quatre lampes brûlent constamment dans ce saint lieu, le plus vénérable de tous : la fumée s'en échappe par une coupole aménagée dans la voûte.

Un beau tableau, représentant la Résurrection, décore encore cette sainte chapelle, où le saint Sacrifice est souvent célébré.

A l'est du monument du Saint-Sépulcre est le chœur de l'église, de forme rectangulaire. Les Grecs en ont seuls la possession. On y voit, sur le sol, une plaque de marbre qui marque, à leurs yeux, le centre du monde. Ils s'appuient, à ce sujet, sur une parole prophétique dont ils ont dénaturé le sens.

En se dirigeant vers le nord, à environ douze à quinze pas, se trouve le point sur lequel Notre-Seigneur se manifesta, sous la forme d'un jardinier, à Marie-Madeleine; non loin de là est le lieu de l'apparition à la sainte Vierge. En ces deux endroits sont des autels avec de fort belles toiles reproduisant les scènes qui s'y sont passées. Il en est de même, d'ailleurs, à toutes les stations remarquables.

Vient ensuite une petite chapelle voûtée, appelée la *Prison du Christ*. Notre-Seigneur y aurait été retenu pendant que les bourreaux faisaient creuser sur le Calvaire le trou de la croix. Tout près de là, on montre le lieu où ses vêtements furent tirés au sort.

A gauche, un escalier d'une trentaine de marches nous conduisit à la chapelle de Sainte-Hélène.

C'est là que la pieuse mère de Constantin demeura en prières tandis que l'on cherchait, dans les diverses cavités du Golgotha, la croix du Sauveur. On descend encore quelques degrés et l'on voit l'endroit où les trois croix furent trouvées avec le titre de la croix de Notre-Seigneur, les clous et la lance. C'est une petite grotte creusée dans le roc.

Un peu plus haut, dans la direction du Calvaire, est une

chapelle sous l'autel de laquelle on voit, derrière une grille, la colonne dite d'*Impropere*. Cette colonne a deux pieds de haut. On croit qu'elle se trouvait au Prétoire et que les valets de Pilate y avaient fait asseoir Notre-Seigneur pendant la scène du couronnement d'épines.

A quelques pas de là est un escalier qui mène à l'église du Calvaire.

Cette église est petite, mais richement ornée. Elle est divisée en deux par une arcade : d'un côté se trouve l'emplacement sur lequel le Sauveur fut étendu et cloué sur la croix, dans l'autre l'endroit où la croix fut plantée. On montre la place exacte qu'elle occupait ainsi que les points sur lesquels furent dressées les croix des deux larrons. Les trous sont recouverts de plaques de marbre. A côté de la place de la sainte Croix, une ligne sinueuse dorée, tracée sur le marbre, indique la fente qui se produisit dans le rocher au moment où le Fils de l'Homme expira.

Directement au-dessous du tracé que nous venions d'observer, en descendant sous la chapelle, nous vîmes la véritable fente à travers une grille.

A quelques pas de cette grille, une espèce de banquette, adossée contre le mur et recouverte d'une natte, marque l'endroit où Godefroy de Bouillon et son frère Baudouin, comte de Flandre, furent ensevelis. Ils méritaient bien cet honneur, ces deux héros français dont la vaillante épée avait reconquis à la Chrétienté les Lieux Saints. Leurs tombeaux existaient encore lors de la visite de M. de Châteaubriand : les Turcs les ont brisés depuis (1).

Telle est, vue fort rapidement, l'église insigne de Jérusalem.

Il est certain que, dès les premiers temps du Christia-

---

(1) On sait aujourd'hui que cet acte de vandalisme a été l'œuvre des Grecs.

nisme, des sanctuaires durent s'élever sur les lieux mêmes où s'était accompli le drame sanglant de la Rédemption. La basilique du Saint-Sépulcre ne peut cependant prétendre à une époque plus reculée que celle de Constantin. C'est probablement à sa mère, à sainte Hélène, qu'elle doit sa fondation.

De l'ancienne église, proprement dite du Sépulcre, il ne reste plus que la façade. Le reste a été détruit par l'incendie de 1808. A cette époque, les Arméniens étaient très mal partagés dans la possession des Stations ; ils n'avaient qu'un autel qu'ils ne pouvaient obtenir de réparer. Ils résolurent alors de le brûler, espérant avoir ensuite, par ce moyen, la permission de le reconstruire entièrement à neuf. Malheureusement le feu se communiqua au reste de l'église. La charpente du dôme s'enflamma ; le dôme lui-même s'écroula, entraînant dans sa chute les belles colonnes qui le soutenaient, et écrasa le tombeau.

Aujourd'hui tout est réparé (1).

Après la visite de la basilique, les Pères franciscains nous conduisirent dans une salle leur appartenant et donnant sur l'une des galeries de l'église du Sépulcre. Ils tirèrent d'un vieux sac une large épée à deux tranchants : c'était celle de Godefroy de Bouillon. Ils nous montrèrent également ses éperons et le collier qui sert à la réception des chevaliers du Saint-Sépulcre.

Nous sortîmes ensuite de l'église, emportant les cierges

---

(1) La reconstruction s'était, malheureusement, effectuée dans des conditions de solidité si insuffisantes que, quelques années plus tard, des affaissements de nature à faire craindre une autre catastrophe se sont produits dans le nouveau dôme. La France, la Russie et la Turquie se sont alors concertées pour le refaire sur un meilleur plan, à frais communs. Cet important travail a été entrepris en 1863 et achevé en 1868.

La coupole actuelle est élégante et savamment conçue ; les peintures qui la décorent à l'intérieur sont, de l'aveu de tous, remarquables. Il n'en demeure pas moins à regretter que, par suite des exigences auxquelles les artistes ont dû se soumettre, elle ait été dépouillée de tout caractère religieux.

que nous avions eus en mains pendant les Stations et nous regagnâmes le couvent.

Les Religieux nous y avaient préparé un repas frugal qu'ils nous servirent eux-mêmes. Le repas achevé, nous nous retirâmes dans les chambres qui nous étaient destinées. Celle qui me fut donnée était assez spacieuse et prenait jour sur une cour intérieure carrée : je n'eus pas de peine à y reconnaître *la grande chambre des Pèlerins* que M. de Châteaubriand avait occupée, lors de son voyage de 1806, et qu'il a décrite dans l'*Itinéraire* (IV° partie). « Treize pèlerins, rapporte-t-il, avaient écrit leurs noms sur la porte, en dedans de la chambre : le premier s'appelait *Charles Lombard*, et il se trouvait à Jérusalem en 1669 ; le dernier est *John Gordon*, et la date de son passage est de 1804. » Cette porte est aujourd'hui toute couverte de ces sortes d'inscriptions, à tel point qu'il ne semblait plus s'y trouver de surface inoccupée. J'y ai lu, avec les deux noms cités par l'*Itinéraire*, ceux de plusieurs officiers de marine.

L'ensemble du couvent est d'une construction très irrégulière : on voit qu'il a été bâti à plusieurs reprises différentes. Un grand nombre de chambres, tenues avec une très grande propreté, y sont affectées aux pèlerins. La chapelle de la maison, placée sous le vocable du Saint Sauveur, est richement ornée. J'y ai remarqué de belles toiles, entre autres un tableau représentant sainte Catherine.

La communauté se compose actuellement de quarante religieux environ, dont douze habitent un petit couvent attenant à l'église du Saint-Sépulcre. Ces douze Pères, qui se relayent de trois mois en trois mois, n'ont avec l'extérieur que les communications indispensables. Les trois mois écoulés, douze autres Pères viennent régulièrement les remplacer, de sorte que le service de l'église n'est jamais interrompu.

Tous ces religieux sont d'une bonté parfaite pour les

étrangers qui leur demandent l'hospitalité. Les pèlerins qui s'en vont aux Lieux Saints sont souvent dépourvus de ressources. Les religieux les logent et les nourrissent alors gratuitement : ils n'ont jamais songé à exiger le prix d'un asile offert de si bon cœur. A leur tête se trouve le Père custode qui joint à son titre de gardien du couvent et de chef de l'ordre, pour les maisons de Terre-Sainte, une juridiction spirituelle sur toute la Palestine et sur l'île de Chypre. Lorsque ses fonctions l'obligent à s'absenter, ainsi que cela s'est rencontré pendant notre voyage, il est remplacé par le vicaire qui occupe la seconde dignité. Après le vicaire vient le Père procureur, qui est chargé des détails de l'administration ; ensuite, le curé ou missionnaire. Ce dernier prêche aux Arabes de Jérusalem et instruit leurs enfants : il doit parfaitement connaître leur langue et avoir, pour cela, passé au moins deux ans à Alep, où les missionnaires suivent des cours d'arabe. Il est de préférence choisi parmi les français, quand il y en a dans le couvent. Malheureusement, il ne s'en trouve pas un seul aujourd'hui.

En dehors des quelques subsides que la chrétienté continue à leur envoyer, les Pères de Terre-Sainte n'ont pas d'autres ressources que celles de leur pieuse industrie. Ils fabriquent des croix et des chapelets, qu'ils bénissent sur le saint Sépulcre, et les exportent, par Saint-Jean d'Acre et Jaffa, dans toutes les parties de l'Europe. Ces objets religieux sont en nacre ou en bois de diverses essences. Les chapelets les plus précieux sont ceux qui sont faits avec les noyaux des olives du jardin des Oliviers : le couvent de Saint-Sauveur en donne ordinairement aux voyageurs.

Quelques bénéfices que la Custodie puisse tirer de ces ventes, on comprend qu'ils ne constituent pas des sommes vraiment considérables. Les couvents des schismatiques sont, au contraire, très riches, parce qu'ils reçoivent un grand nombre de pèlerins, qu'ils ne logent et ne nourrissent qu'à des prix fort élevés. Aussi se trouvent-ils en état d'obtenir tout ce qu'ils demandent. Par les présents qu'ils font aux gouverneurs, ils se font remettre des édifices religieux, des sanctuaires, des terrains qui étaient demeurés la propriété des catholiques. C'est ainsi que le Sépulcre appartenait autrefois exclusivement aux Latins : les Grecs et les Arméniens en ont aujourd'hui, les uns et les autres, une partie. Il y a peu de jours, ils sont parvenus à chasser du jardin des Oliviers les Franciscains, qui en étaient les légitimes possesseurs (1).

Méhémet-Ali, tout en se flattant de laisser une grande liberté à tous les cultes, serait cependant plus disposé à favoriser les catholiques, à cause de son amitié avec la France.

Le prince s'est chargé d'une requête des religieux, à l'adresse de la reine, et leur a promis son appui.

(1) Grâce à l'intervention de la France, les Pères latins n'ont pas tardé à recouvrer le jardin de Gethsémani ; mais ils ont eu à souffrir, dans la suite, d'autres violences et d'autres empiètements.
C'est pour remédier à cet état de choses, dans la mesure du possible, que le Souverain Pontife Pie IX a tenu à donner à l'Eglise de Jérusalem un chef égal en autorité à ceux des communions dissidentes, en rétablissant, dès 1847, l'ancien patriarcat latin. Le premier titulaire du siège, Mgr Valerga, a, pendant un long et vaillant épiscopat, réalisé tout ce que l'on devait attendre de son zèle pour la défense des grands intérêts qui lui étaient confiés. En même temps, avec le concours des catholiques du monde entier, auxquels il s'est adressé, il a pu établir par lui-même ou susciter de nouvelles fondations. Parmi les créations dont l'honneur lui revient plus particulièrement, sans citer diverses églises édifiées pour des missions sur plusieurs points de la Terre-Sainte, nous mentionnerons le séminaire de Beït-Djalla et, dans l'intérieur de la Ville sainte, attenant à la résidence patriarcale, l'église cathédrale, qu'il a dédiée au Saint-Nom de Jésus et consacrée en 1872, l'année même de sa mort. C'est là que ses restes reposent, sous les dalles de la chapelle de Saint-Joseph.
Il a eu pour successeur Mgr Bracco, évêque de Magida *in part.*, ancien supérieur du séminaire de Beït-Djalla, vicaire général du patriarcat depuis 1866.

IV

L'emplacement du temple de Salomon et les mosquées.

Je me levai de bonne heure afin d'aller jeter un dernier coup d'œil sur l'église du Saint-Sépulcre.

Peu de temps après, nous nous rendîmes chez le gouverneur de la ville. Son habitation communique à un vaste terrain clos de tous côtés, dont l'enceinte correspond à peu près complètement à celle du temple de Salomon (1). C'est au milieu de cette esplanade que se dresse la grande mosquée appelée aussi mosquée *El Sakhra*, mosquée de la Roche.

La défense qui est faite aux chrétiens d'entrer dans cette mosquée, la plus vénérée de toutes après La Mecque, est expresse et absolue : elle porte contre tout contrevenant peine de mort (2). Aussi, pour prévenir tout soulèvement que notre introduction aurait pu susciter de la part des musulmans, les postes avaient-ils été renforcés. De nombreuses patrouilles circulaient autour de nous. Du reste, le gouverneur montrait beaucoup de sang-froid : il ne paraissait guère disposé à souffrir que la moindre violence nous fût faite.

---

(1) Tout cet espace est, pour les musulmans, le *Mesdjed-el-Aksa* (l'oratoire éloigné) ou, suivant une appellation plus usitée, le *Haram-ech-Chérif* (sanctuaire noble).

(2) Ce n'est qu'après la guerre de Crimée que les Turcs ont renoncé à une interdiction aussi rigoureuse. Ils ont commencé par accorder quelques autorisations, qui sont devenues dans la suite plus nombreuses, aux étrangers dont les requêtes étaient appuyées par les consuls. Actuellement, par une mesure générale, à l'exception du vendredi et du temps du Ramadan, la mosquée est accessible aux européens, moyennant une rétribution d'environ cinq francs par visiteur.

Précédés et suivis d'une bonne escorte, nous pénétrâmes dans la vaste enceinte. Le côté du nord est bordé de beaux et anciens édifices qui servaient, sous la domination franque, de résidence aux rois de Jérusalem et que les Turcs ont transformés en casernes. Les côtés est et sud sont fermés par les murs mêmes de la ville. Sur le côté oriental, faisant face à la vallée de Josaphat, se trouve une porte monumentale dont le vestibule intérieur présente de belles colonnes soutenant la voûte. Elle est connue sous le nom de porte Dorée. C'est par là que Notre-Seigneur fit son entrée triomphale dans Jérusalem, le jour des Rameaux. Les Turcs l'ont murée, persuadés qu'ils sont que, lorsque les chrétiens y passeront, la ville sera en leur pouvoir.

En cet endroit les remparts sont peu élevés au-dessus du sol. Nous y montâmes et pûmes plonger nos regards dans la vallée, sur les berges de laquelle s'avance l'esplanade. On ne peut se faire une idée de la tristesse de cette solitude. Quelques misérables maisons s'y dressent de loin en loin. D'innombrables tombes de juifs la couvrent vers le sud. On dirait que les descendants de ce peuple réprouvé tiennent à mourir dans la ville qui, par son crime, causa les maux de toute la nation ; tous les ans, en effet, un grand nombre de juifs arrivent à Jérusalem, sur le déclin de la vie, pour y passer le reste de leurs jours.

De là, aussi, nous découvrîmes les mausolées antiques que nous devions voir le lendemain de plus près.

A l'ouest de la porte Dorée, à une petite distance, on nous fit passer sous une voûte presque ruinée et l'on nous conduisit dans une chambre souterraine où se trouve, sous un dais supporté par des colonnes, un berceau en marbre blanc. Les Turcs prétendent que Notre-Seigneur reposa, enfant, dans ce berceau.

Tournant à droite, nous descendîmes dans une immense excavation voûtée, très profonde. Nous y comptâmes dix rangées d'énormes piliers très espacés les uns des autres, au nombre de douze à quinze par rangée. Ces piliers sont tous formés de trois blocs. Les gens du pays prétendent que le souterrain était autrefois beaucoup plus étendu et que l'on y voyait jusqu'à trois mille piliers : le comblement se serait effectué à une époque inconnue. Aucune relation n'a, jusqu'à présent, fait mention de ces magnifiques caveaux.

L'interprète, qui semblait confondre Soliman le Magnifique avec Salomon, dans l'impossibilité où il se trouvait de nous faire entendre duquel des deux il voulait parler, les deux noms étant identiques en langue turque, finit par nous dire que le roi Salomon y avait établi ses écuries (1). Pour le prouver, il nous fit observer, au pied de chaque pilier, des entailles dans lesquelles on aurait pu introduire des anneaux destinés à attacher des chevaux. Chaque pilier offrant deux entailles, il faudrait en conclure que Salomon avait six mille chevaux.

Du fond du souterrain s'échappait une forte odeur de poudre. Nous ne pûmes tirer, à ce sujet, le moindre éclaircissement de notre interprète. Tantôt il nous assurait que le diable avait été enfermé en ce lieu, tantôt il prétendait que saint Georges en avait fait sa demeure ou bien, avec la même placidité, que Salomon y tenait ses poudres.

Ce qu'il y a de certain, c'est que ces constructions doivent être fort anciennes.

A notre sortie du souterrain, nous nous dirigeâmes vers la grande mosquée *El Sakhra*. Nous passâmes sous l'un

---

(1) Telle est, sur ce point, la croyance populaire généralement accréditée à Jérusalem, tout au moins auprès des musulmans. Parmi les archéologues qui ont exploré le souterrain il en est qui n'éprouvent aucune difficulté à le rattacher à une aussi haute antiquité, en tenant compte des nombreux remaniements qu'il aurait subis. La tradition pourrait donc être dans le vrai.

Il est, dans tous les cas, établi que les Chevaliers du Temple ont eu leurs écuries dans ces mêmes caveaux.

des portiques qui l'entourent et arrivâmes à la principale entrée du temple, non sans avoir, au préalable, déposé nos bottes sur les bords du parvis.

Malgré les précautions que le gouverneur avait prises, il se produisit, à ce moment, une scène qui aurait pu avoir des suites fâcheuses pour nous. A la vue du sacrilège dont nous nous rendions coupables aux yeux des musulmans, un derviche saisi d'une violente colère se roula sur le pavé, en criant à l'abomination, à la profanation ; il ne mit fin à ses contorsions et à ses cris qu'après avoir reçu du gouverneur une vingtaine de coups de courbache.

Assan-Bey éprouvait déjà quelques inquiétudes, quoique sa physionomie n'en témoignât rien. Nous mêmes ne laissâmes pas de partager ses appréhensions lorsque, quelques instants après, nous entendîmes autour de la mosquée, les cris d'une foule d'enfants que leurs parents y avaient envoyés afin d'exciter de la rumeur.

L'intérieur de la mosquée est tout pavé en larges dalles de marbre. Des mosaïques et des dorures sans nombre, portant des versets du Coran, tapissent les murs. Les fenêtres sont ornées de vitraux magnifiques. De belles colonnes en marbre, toutes monolithes, mais dissemblables par le type et le module, et quatre piliers reliés par quatre arceaux, supportent le dôme.

C'est là, sous ce dôme, qu'est la partie la plus sainte de la mosquée. Il s'y trouve, entouré d'une belle grille en fer forgé, le rocher qui a donné son nom au monument. C'est une roche de couleur blanchâtre, mesurant de dix à douze mètres en largeur et longueur, percée à son centre d'un trou circulaire (1) ; elle est élevée d'un mètre au-dessus du

---

(1) Suivant les critiques les plus autorisés, cette roche serait l'aire du Jébuséen Arauna sur laquelle David dressa un autel et offrit des holocaustes, au cours d'une violente épidémie de peste qui ravageait la Judée et venait de s'abattre sur Jérusalem. (*Rois*, liv. II, ch. xxiv). D'après quelques rabbins, elle aurait été comprise dans le Saint des saints pour

sol. Les Turcs, qui y ont rattaché quelques-unes de leurs fables concernant Mahomet, prétendent qu'elle se soutient miraculeusement en l'air. Si, cependant, l'on aime mieux s'en rapporter à son propre examen qu'à leur dire, on s'aperçoit aisément qu'elle est suffisamment soutenue par les parois de la cavité sur laquelle elle repose.

Une prodigieuse quantité de lampes brûlent autour de ce sanctuaire pendant le Ramadan.

Nous sortîmes de la Grande Mosquée et, suivis des imans qui s'y prêtaient d'assez bonne grâce, nous allâmes visiter la mosquée *El-Aska*. Cette seconde mosquée se trouve vis-à-vis et à quelques mètres seulement de la précédente. Sitôt que nous y fûmes entrés, les portes en furent fermées.

On nous fit observer tout d'abord une petite enceinte formée par une balustrade : ce serait l'emplacement du tombeau d'Aaron. Nous passâmes ensuite entre deux rangées de belles colonnes en marbre, différentes les unes des autres, enlevées, dit-on, aux églises qui furent construites en Terre Sainte par la mère de Constantin. Tout à fait dans le fond, à droite du sanctuaire qui, comme dans toutes les mosquées, est placé vers l'Orient et représente le temple de La Mecque, on voit une petite niche partant du sol et s'élevant à une dizaine de pieds. Elle renferme une pierre portant l'empreinte, au dire des Turcs, de l'un des pieds de Notre-Seigneur. Ce serait un fragment du rocher qui

---

y porter l'Arche d'alliance. Suivant d'autres, elle aurait servi de noyau à l'autel des holocaustes.

Elle est, en toute hypothèse, ce rocher saint que les Juifs venaient, au milieu des ruines du Temple, arroser de parfums une fois chaque année, en poussant des lamentations et des gémissements, et se déchirant les vêtements, ainsi que le rapporte l'*Itinéraire de Bordeaux* : *Sunt ibi et statuæ duæ Hadriani. Est et non longe de statuis lapis pertusus, ad quem veniunt Judœi singulis annis, et unguent eum, et lamentant se cum gemitu, et vestimenta sua scindunt, et sic recedunt.*

se trouve sur le mont des Oliviers et où l'on ne voit que l'empreinte d'un pied.

Tout près de là sont deux colonnes entre lesquelles les musulmans prétendent pouvoir seuls passer : ils croient qu'elles se rapprocheraient et étoufferaient tout autre qu'un sectateur de Mahomet. Nous en fîmes néanmoins l'essai sans accident.

L'une de ces colonnes est un peu échancrée. On nous dit que cette échancrure avait été faite pour permettre à Ibrahim-Pacha, qui est très gros, d'y passer. Ce n'est guère à croire.

En retournant vers la porte d'entrée, on trouve à droite un petit enfoncement avec un autel dédié au prophète Zacharie. C'est là, disent les musulmans, que ce prophète descendra à la fin du monde.

En quittant la mosquée *El-Aska*, nous nous rendîmes chez le gouverneur, escortés par un très grand nombre de soldats qui nous recommandaient sans cesse de ne pas nous écarter et de marcher en groupe serré.

La maison du gouverneur communiquant, comme je l'ai déjà dit, avec l'esplanade sur laquelle nous nous trouvions, le trajet ne fut pas long.

Un déjeuner, moitié à l'arabe, moitié à l'européenne, nous avait été préparé. L'on servit d'abord le dessert avec une longue suite de vins et de liqueurs dont Assan-Bey ne se fit pas scrupule d'user, en dépit du Coran ; des viandes rôties, parmi lesquelles un morceau de chameau, des volailles et du riz, composaient le reste du déjeuner. Tout le temps du repas, nous fûmes régalés du chant de trois arabes chargés de charmer nos oreilles.

V

Visites hors les murs.

Après le déjeuner nous rentrâmes au couvent. Nous en sortîmes bientôt après, en compagnie de deux Pères franciscains, pour visiter les environs de la Ville sainte.

Le premier lieu remarquable qui s'offrit à nous fut la piscine Probatique, dans laquelle étaient guéris les paralytiques ; elle est très profonde et de forme rectangulaire. Le fond est encore garni de ciment, mais entièrement desséché. C'est le seul monument qui nous reste de l'architecture primitive des Juifs. Il se trouve dans l'enceinte de la ville (1).

En tournant à gauche, on passe sous la porte Saint-Etienne, ainsi nommée parce qu'elle est située à l'endroit où le premier martyr fut lapidé. Cette porte est encore appelée porte de la Vierge, parce qu'elle conduit au tombeau de la sainte Vierge.

On descend alors dans la vallée de Josaphat, dont la direction est nord-sud. Au fond se trouve le torrent, souvent à sec, du Cédron, sur lequel est jeté un petit pont d'une seule arche.

---

(1) Tout près de cette piscine, qui est aujourd'hui désignée sous le nom de *Birket-Israïl*, de l'autre côté de la rue Sainte-Marie ou *Sitti Maryam*, se trouve l'emplacement de la maison de saint Joachim et de sainte Anne, avec une crypte qui a dû faire partie de l'habitation. Lors du voyage du prince de Joinville, cette crypte et l'église dans laquelle elle avait été enclavée, dès les premiers siècles du Christianisme, étaient en la possession des Musulmans. Elles ont été depuis lors accordées à la France

L'église a été restaurée et la garde en a été confiée aux missionnaires de Notre-Dame d'Afrique ou Pères blancs.

La partie orientale de la vallée est formée par la montagne des Oliviers ; la partie occidentale, par le mont Sion et les remparts est de la ville. Ces remparts, au pied desquels nous passâmes, sont en bon état. Ils ont été réparés par les Turcs ; mais la première construction les fait remonter, pour le moins, aux Croisades. On y remarque, à la base, des blocs qui ont jusqu'à vingt pieds de long.

Ayant traversé la vallée de l'ouest à l'est, nous arrivâmes à l'église de la Vierge. On y descend par de beaux escaliers en marbre. Cette église souterraine est richement ornée ; une grande quantité de lampes et d'œufs d'autruche sont suspendus à la voûte. Un autel dressé dans le fond de la nef recouvre le sépulcre où fut ensevelie la Mère du Christ. D'autres autels occupent l'emplacement des tombeaux de sainte Anne et de saint Joseph.

En sortant de l'église, nous nous dirigeâmes à droite et nous vîmes la grotte dans laquelle Notre-Seigneur répandit une sueur sanglante, pendant les mortelles angoisses qui précédèrent son arrestation. Un peu plus loin, le divin Maître trouva, à cette heure d'amère tristesse, ses disciples endormis. Nous visitâmes aussi le lieu où le Sauveur leur enseigna l'oraison dominicale et la grotte dans laquelle les apôtres composèrent le symbole de la foi (1).

Tout près de là on entre dans le jardin des Oliviers. Le jardin entouré d'un mur haut d'environ trois pieds, renferme huit oliviers. Ces arbres, dont le tronc est d'une épaisseur peu commune, portent un feuillage assez touffu.

---

(1) Des sanctuaires avaient été jadis édifiés sur ces quatre emplacements. Celui que les premiers chrétiens avaient bâti au-dessus de la grotte de l'Agonie, sous le vocable de Saint-Sauveur, a depuis longtemps totalement disparu ; mais la grotte elle-même est demeurée un lieu de prières. Elle est actuellement desservie par les Pères Franciscains qui y célèbrent tous les jours le saint Sacrifice.

Les oratoires du *Pater* et du *Credo* ont été reconstruits, sous le patriarcat de Mgr Valerga, par la princesse de La Tour d'Auvergne. Après les avoir réunis dans une même enceinte et placés sous la garde d'une communauté de Carmélites, la fondatrice en a fait don à la France.

Le tronc de quelques-uns tombe, pour ainsi dire, en décrépitude et cependant l'arbre possède encore beaucoup de vigueur. M. de Châteaubriand établit, par un argument décisif, que ces oliviers datent au moins du Bas-Empire. On peut même admettre que, si ce ne sont pas ceux qui existaient du temps du Sauveur, ce sont leurs rejetons immédiats. Titus ayant, en effet, fait couper au pied tous les arbres des environs de Jérusalem lors du siège de la ville, ceux de Gethsémani durent éprouver le même sort ; mais l'olivier étant très vivace, surtout dans les pays chauds, les racines ne purent que pousser des rejetons et reproduire des arbres beaucoup plus vigoureux dont la conservation jusqu'à la conquête turque ne serait pas un fait extraordinaire.

Les racines de ces oliviers sont un peu exhaussées ; c'est pour les soutenir qu'on a entouré le pied de chaque arbre d'un petit mur.

Il est défendu de couper des rameaux de ces oliviers ; mais, par égard pour le prince, on nous permit d'en emporter quelques-uns. Je ramassai aussi des olives, de vieilles pour les conserver en souvenir des Lieux Saints, quelques-unes de fraîches pour les semer.

Le jardin des Oliviers peut avoir environ cent cannes carrées de superficie ; il se trouve à une petite distance de la montagne des Oliviers. Sur le sommet central de la montagne, que nous gravîmes, à l'endroit même qu'une tradition constante indique comme étant celui où Notre-Seigneur remonta au ciel, s'élève une petite mosquée octogone, dans laquelle on nous montra l'empreinte du pied gauche du Sauveur. L'empreinte est dirigée du midi au nord ; Notre-Seigneur aurait donc fait face au nord quand il quitta la terre. Sainte Hélène avait fait construire en ce lieu une basilique, qui a été plusieurs fois détruite et relevée de ses ruines : il n'en reste plus aujourd'hui que quelques vestiges.

Du haut du mont des Oliviers on jouit d'un vaste et triste coup d'œil. L'on aperçoit, en même temps, au loin, du côté de l'Orient, les montagnes nues de Saint-Saba, de Jéricho et de la mer Morte; plus loin encore, cette mer d'un bleu aussi azuré qu'un ciel serein; au couchant, le mont Sion, les mosquées qui ont remplacé le temple de Salomon, une longue ligne de remparts crénelés et, au milieu, la ville de Jérusalem avec ses minarets, ses synagogues et ses églises chrétiennes de toutes les sectes. A nos pieds la sombre vallée de Josaphat s'offrait dans toute son étendue.

Etant descendus de la montagne, nous vîmes, tout à fait dans le bas, les trois tombeaux que l'on croit être ceux de Josaphat, d'Absalon et de Zacharie. Ils n'offrent rien de particulièrement remarquable, si ce n'est qu'ils sont d'un seul bloc détaché du rocher même qui les entoure. Absalon s'était fait construire, de son vivant, celui qu'on lui attribue; mais il n'y fut point enseveli. On montre encore, entre les tombeaux d'Absalon et de Zacharie, un sépulcre dans lequel saint Jacques le Mineur et plusieurs disciples se cachèrent après la mort de Notre-Seigneur.

Au sud du mont de l'Ascension, la montagne des Oliviers porte un autre sommet bien connu, le mont du Scandale (*mons Offensionis*), sur lequel Salomon sacrifia aux idoles. Au pied de cette éminence, la moins élevée de la montagne, s'étendait devant nous le pauvre village de Siloan.

Après avoir franchi la vallée, en remontant du côté de la ville, nous atteignîmes une source à laquelle la sainte Vierge venait puiser, suivant la tradition, et qui est en conséquence dénommée la fontaine de la Vierge.

Non loin de là est la fontaine de Siloé, célèbre par la guérison miraculeuse de l'aveugle-né. Du temps des Croisades et à des époques beaucoup plus éloignées, il avait été observé qu'elle ne coulait que tous les trois jours.

Aujourd'hui son cours est à peu près continuel, mais très faible (1). Elle communique avec la fontaine de la Vierge par un conduit souterrain, ainsi que l'abbé Desmazures s'en est assuré lui-même.

La tradition rapporte que la source de Siloé jaillit de terre pour apaiser la soif d'Isaïe, au moment de son martyre. A quelques pas de là, on nous montra le tertre où ce prophète fut scié en deux, par ordre et en présence du roi Manassès.

Continuant à gravir la colline sur les pentes de laquelle nous nous trouvions, nous vîmes le Champ du sang, acheté avec les trente deniers de Judas, et la grotte dans laquelle saint Pierre vint pleurer son reniement.

Au sommet de cette montagne, qui n'est autre que le mont Sion, on se trouve au même niveau que Jérusalem. En effet, le mont Sion est montagne seulement par rapport aux vallées environnantes et non pas pour la ville, qui est au nord et sur le même plan. Autrefois tout le mont Sion était habité. Aujourd'hui il ne l'est qu'en partie, par les Arméniens qui y ont établi leur quartier. Au delà de leurs habitations s'étend le cimetière chrétien.

Entre la ville et le sommet de Sion, on voit, dans un corps de bâtiments servant à la fois d'hôpital turc et de mosquée, une salle voûtée qui nous donne l'emplacement et peut-être le plan exact du Cénacle (2). C'est en ce lieu que Notre-Seigneur institua le sacrement de l'Eucharistie, qu'il apparut aux Apôtres le jour de la Résurrection, qu'il leur envoya l'Esprit-Saint. Saint Jacques y fut sacré évêque de Jérusalem. Saint Pierre y tint le premier concile.

---

(1) Les relations les plus récentes constatent la même intermittence que par le passé.

(2) Les bâtiments dans lesquels se trouve le Cénacle, et qui ne sont autres que le vieux couvent et l'ancien hospice des Franciscains, ne servent plus d'hôpital aux Turcs ; mais la salle du Cénacle, d'un souvenir si précieux pour les chrétiens, est toujours occupée par un santon.

A côté du Cénacle nous vîmes une petite église bâtie sur l'emplacement de la maison de Caïphe. Elle est desservie par les Arméniens qui ont placé sur l'un des côtés de l'autel la pierre qui recouvrait le sépulcre du Sauveur. Ils s'en sont probablement emparés quand ils brisèrent le saint Tombeau. C'est en ce lieu que fut enseveli David. Le saint roi y avait gardé l'arche d'alliance pendant trois mois.

Le jour commençait à disparaître. Nous rentrâmes dans la ville par la porte de David, qui était la plus rapprochée de nous. En passant devant le riche couvent des Arméniens, nous fûmes arrêtés par une députation des religieux qui l'habitent et qui désiraient que le prince daignât le visiter; Monseigneur n'accéda pas à cette invitation et bientôt nous nous retrouvâmes dans le couvent Saint-Sauveur.

Nous y apprîmes que le gouverneur avait jugé à propos de nous faire faire notre voyage de Bethléem à la mer Morte sans revenir coucher à Jérusalem, comme le prince avait eu l'intention de le faire. En suivant notre itinéraire, tel qu'il avait été tracé, nous eussions pu parcourir, une seconde fois et plus attentivement, la Ville sainte; mais notre entrée dans la Grande Mosquée avait causé une vive agitation parmi les musulmans. Les autorités craignaient un mouvement de la part des plus exaltés. Les conseils que l'on nous donnait étaient donc assez prudents: le prince s'y rendit.

Le temps que nous avons passé à Jérusalem a été bien court. Cependant nous avons presque tout vu, sans beaucoup de détails, il est vrai, mais assez pour en conserver toujours le souvenir.

La ville forme un carré irrégulier avec un côté plus allongé, dirigé est-ouest. Elle a un grand nombre d'issues, dont voici les principales : au nord, la porte de Damas, qui conduit à Naplouse, à Saint-Jean d'Acre et à Damas;

à l'est, celle de Saint-Etienne ou de la Vierge, qui s'ouvre sur la vallée de Josaphat, comme je l'ai indiqué plus haut ; à l'ouest, la porte de Jaffa ou de Bethléem, également désignée sous le nom de porte des Pèlerins ; au midi, celle de David ou de Sion ; du même côté, mais vers l'est, la porte des Maugrabins (des Occidentaux). C'est l'ancienne porte Sterquilinaire par laquelle Notre-Seigneur fut amené au prétoire, après son arrestation au jardin des Oliviers. Il existait encore, au temps du Sauveur, la porte Judiciaire qui menait au Calvaire ; ce monticule se trouvait, en effet, à cette époque, hors les murs.

L'intérieur de la ville ressemble à celui de toutes les villes turques. Les rues sont étroites, tortueuses et sales. Les deux principales sont la Voie Douloureuse et la rue des Chrétiens, qui va du couvent latin à l'église du Sépulcre. Les maisons n'ont qu'un rez-de-chaussée et un étage. Il y semble régner une profonde misère, surtout dans le quartier juif.

La population totale est de 20,000 habitants, juifs, musulmans, grecs, arméniens ou catholiques (1). Ces derniers sont au nombre de 800. Chaque secte possède des églises et des couvents très vastes et pour ainsi dire fortifiés ; à tel point que les religieux pourraient y rester enfermés pendant des mois entiers. C'est une ressource dont ils ont usé plus d'une fois, en temps de peste ou de persécution de la part des Turcs.

Les environs de Jérusalem sont peu fertiles. On y récolte cependant du blé et de l'huile. On y voit quelques champs de vignes.

---

(1) Elle compte aujourd'hui 23,000 habitants, dont 10,000 juifs, 7,500 musulmans et 1,100 catholiques.

VI

De Jérusalem à Bethléem, par Saint-Jean.

Le 9 octobre, avant cinq heures du matin, nous étions sur pied. Après avoir entendu une messe basse dans la chapelle du Saint-Sauveur, nous fîmes nos adieux aux religieux du couvent ; le prince les remercia vivement de leur bonne hospitalité et des touchantes attentions qu'ils avaient eues constamment pour nous. Il eût été, en effet, impossible de nous recevoir avec plus de cordialité et plus d'empressement.

Nos chevaux étant prêts, la caravane se mit en route pour Saint-Jean, en passant par la porte de Bethléem. Assan-Bey et deux religieux latins nous accompagnaient, avec une escorte de soixante à quatre-vingts arabes de la cavalerie irrégulière.

A une petite distance de Jérusalem, on nous montra le champ dans lequel fut coupé l'arbre de la croix. Ce champ est aujourd'hui complanté en oliviers ; la tradition rapporte, toutefois, que la croix du Sauveur fut faite avec du bois d'acacia.

Plusieurs collines séparent Jérusalem de Saint-Jean, de sorte que la Ville sainte, sur laquelle se ramenaient sans cesse nos regards, ne disparaissait à nos yeux que pour nous montrer de nouveau ses remparts, ses ruines et ses monuments de toutes sortes. Nous laissâmes à notre droite la montagne sur laquelle est bâtie Modin, patrie des Machabées et le désert de Saint-Jean s'offrit à notre vue : ce fut dans cette solitude que le saint Précurseur se retira dès ses premières années, pour s'y consacrer entièrement à la prière et aux austérités de la pénitence.

Le désert traversé, nous trouvâmes, au fond d'un vallon, le misérable petit village de Saint-Jean, habité par une quarantaine de familles arabes dont bien peu sont chrétiennes. Les Pères latins y possèdent un couvent et une jolie église bâtie sur l'emplacement de l'habitation de saint Zacharie et de sainte Élisabeth. L'autel de la crypte indique le lieu de la nativité de saint Jean-Baptiste (1).

Après quelques instants de repos, nous nous remîmes en route pour Bethléem. Ce trajet est moins pénible que celui de Jérusalem à Saint-Jean ; la campagne est aussi mieux cultivée. Au terrain rocailleux que nous avions parcouru jusqu'à présent succédaient des champs d'oliviers avec de beaux et excellents vignobles.

Nous ne tardâmes pas à entrer dans la vallée de Rama. On y voit une espèce de masure en ruines que les gens du pays ne manquent pas de signaler aux voyageurs : elle nous indiquerait le lieu de sépulture de Rachel, l'épouse préférée de Jacob, la mère de Joseph et de Benjamin, de cette tendre mère dont Jérémie a si éloquemment exprimé la douleur et les lamentations. Cette vieille bâtisse est habitée par un turc (2).

Un régiment de cavalerie égyptienne était campé dans la vallée ; il ne se dérangea nullement à notre approche.

(1) A six cents pas de cette église, qui sert de paroisse, et en amont du village, les Franciscains ont relevé, il y a une vingtaine d'années, un très ancien sanctuaire, dit de Sainte-Élisabeth ou de la Visitation, construit, à ce que l'on croit, sur les assises d'une maison rurale de Zacharie, sur le lieu où se serait passée l'entrevue de la Sainte Vierge et de sainte Élisabeth. Plus près du village, le P. de Ratisbonne a établi, peu avant sa mort, un important orphelinat.

Le village même de Saint-Jean, généralement désigné sous le nom de Saint-Jean dans la Montagne ou Saint-Jean du Désert, l'*Aïn-Karim* des indigènes, s'est lui-même transformé. La population y est aujourd'hui d'un millier d'habitants, dont deux cents sont catholiques.

(2) Elle a été, dans ces derniers temps, achetée par des juifs et réparée.

Les chevaux étaient dispersés dans la plaine, errant à l'aventure, ne s'inquiétant pas plus de leurs maîtres que leurs maîtres ne s'inquiétaient d'eux.

Déjà la route nous paraissait longue lorsque nous fumes abordés par le gouverneur militaire de la Syrie, venu à notre rencontre pour présenter ses hommages au prince. Le gouverneur nous annonça que bientôt Bethléem s'offrirait à nous ; effectivement, peu de moments après, nous aperçûmes, sur le penchant d'une colline, la petite ville qui a eu l'insigne honneur de donner le jour au Sauveur du monde.

Une réception triomphale nous y attendait. La population, qui est presque entièrement catholique et animée d'un grand amour pour les Français, s'était portée en masse au devant du prince. Elle le salua par de vives acclamations.

Nous descendîmes devant l'église latine et y entrâmes, précédés des religieux en habits sacerdotaux ; l'*Exaudiat* fut chanté et suivi des cris de *Vive le Roi de France* proférés par les Bethléémites en langue française. L'église est petite, mais bien décorée (1).

Elle communique avec un souterrain tortueux qui conduit à la grotte où naquit Notre-Seigneur. Dans plusieurs parties, on a revêtu cette grotte avec du marbre afin de la protéger contre la piété indiscrète des pèlerins. Il est cependant facile de voir, par l'inspection des endroits qui sont à découvert, tels que la voûte, que c'est bien là une grotte naturelle. Une grande quantité de belles lampes, constamment allumées, sont suspendues à la voûte. Tout à fait dans le fond, entre trois colonnes en marbre, sous un petit autel et sur le sol, est un cercle en jaspe entouré d'un soleil en argent avec l'inscription latine :

HIC DE VIRGINE MARIA JESUS CHRISTUS NATUS EST.

(1) Les Pères Franciscains viennent de l'agrandir.

Trois magnifiques lampes en or, dont la plus remarquable est un don de Louis XIII, éclairent ce coin de terre à jamais révéré.

A droite, dans un enfoncement en contre-bas de deux marches, on voit un berceau en marbre placé à l'endroit qu'occupait la crèche et, vis-à-vis, un petit autel orné d'un beau tableau représentant l'Adoration des mages. C'est là que les trois rois de l'Orient durent se prosterner devant le divin Enfant couché sur la paille de la crèche. Une étoile placée au-dessus de l'autel indique le point du ciel où s'arrêta l'étoile miraculeuse qui les conduisit.

En revenant vers l'entrée de la grotte et tournant à gauche, on pénètre dans une crypte où les saints Innocents de Bethléem auraient été ensevelis. Tout près de là se trouvent les tombeaux de saint Eusèbe, premier évêque de cette ville, de sainte Paule et de sa fille, sainte Eustochie, de saint Jérôme. Sur toutes ces tombes ont été dressés de petits autels, décorés de beaux tableaux. Celui qui surmonte l'autel de sainte Paule et de sainte Eustochie est d'un travail parfait; il représente couchées, l'une à côté de l'autre, ces deux saintes qui abandonnèrent les délices de la vie romaine pour passer le reste de leur existence auprès de la crèche du Sauveur. On voit encore un petit réduit dans lequel saint Jérôme combattait par la prière le goût qu'il avait pour la lecture des auteurs payens.

Nous remontâmes à la petite chapelle dans laquelle nous avions été reçus et fûmes conduits dans le couvent latin. Les religieux nous y avaient préparé un bon déjeuner.

Le repas achevé, nous sortîmes du couvent par l'ancienne église Sainte-Marie, qui y est attenante. Cette église, que sainte Hélène avait fait construire, sert aujourd'hui de caserne aux Arabes (1). On y voit quarante-huit

---

(1) Elle a été, depuis lors, rendue aux cultes schismatiques qui l'avaient, antérieurement, enlevée aux catholiques. Les Grecs occupent le chœur et le transept, les Arméniens la grande nef.

colonnes en marbre d'ordre corinthien, d'une grande hauteur, d'une seule pièce et parfaitement conservées ; c'est, d'ailleurs, tout ce qui reste du vieux monument ; il n'y a plus aucune trace d'autel. La charpente qui supporte le toit de l'édifice passe pour être en bois de cèdre.

La petite ville de Bethléem n'offre rien autre qui soit digne de remarque. La principale industrie de ses habitants, qui sont au nombre de dix-huit cents (1), consiste dans la fabrication des chapelets, coquilles, croix et autres objets de dévotion, faits les uns en bois ou en fruits de divers arbres, les autres avec de la nacre tirée du lac de Tibériade.

Cette population active et laborieuse nous a paru, sinon aisée, du moins bien moins pauvre que celle de la capitale de la Judée. Les hommes portent généralement le turban blanc et une espèce de manteau rayé de noir et de blanc, en grosse toile ou en peau de chameau (*machalos*). Les femmes sont vêtues d'une longue chemise de toile qu'elles serrent à la ceinture ; elles ont toutes le visage découvert.

VII

De Bethléem à Jéricho.

A deux heures nous partîmes pour la mer Morte.

Les chemins que nous eûmes à parcourir sont des plus mauvais. Nous gravîmes des montagnes arides et nues, semblables à d'immenses amoncellements de sable jaune.

---

(1) Ce chiffre a presque triplé. La population de Bethléem est actuellement de 5,000 habitants environ, dont 2,500 catholiques, 1,500 Grecs non unis et 400 Arméniens.

La plupart étaient taillées à pic sur les vallons que nous avions à nos pieds. C'étaient parfois d'affreux précipices, que le sentier côtoyait de fort près. Nous avions alors la prudence de mettre pied à terre; les Bédouins, eux-mêmes, en donnaient l'exemple.

Au fond de ces précipices, de petites collines, arrondies et dessinées par de légères ondulations, présentaient une surface sablonneuse dont la couleur, la stérilité et l'étendue fatiguaient le regard.

A l'entrée de la nuit, nous arrivâmes au couvent grec de Saint-Saba. Les moines qui l'habitent nous montrèrent leur riche église et le tombeau de saint Saba qui se trouve dans une cour intérieure. Le tombeau ne renferme plus les reliques du saint : elles sont actuellement à Venise.

Le couvent est bâti dans un site horrible, sur les flancs d'un ravin parsemé de rochers, au fond duquel serpente le lit du Cédron. Par sa position et les fortes murailles qui l'entourent, il pourrait résister à un siège sans canon. Un caloyer veille, d'ailleurs, constamment du haut d'une tour, pour donner l'alarme à la communauté et prévenir les coups de main des Arabes.

Tout autour du couvent, on peut voir une grande quantité de cellules taillées dans le roc, habitées autrefois par des anachorètes. Tous les voyageurs remarquent encore un vieux palmier qui croît dans cette solitude et sort des fentes d'un rocher.

Nous ne pouvions continuer notre marche à travers ces montagnes, sans lumière pour éclairer notre route, et comme le prince ne voulait pas coucher dans le couvent, il fut décidé que nous passerions la nuit sous une tente. Nous prîmes auparavant notre repas et prolongeâmes longuement la veillée ; car nous ne pensions pas pouvoir dormir. Ce n'était point cependant la dernière nuit que nous dussions passer sans autre abri qu'une tente ou le feuillage d'un arbre, sous ce beau ciel de Judée qui me rappelait si bien celui de la Provence. La soirée fut extrêmement agréable ; le prince se fit remarquer surtout par sa gaîté et son amabilité. Epuisés de lassitude, nous nous endormîmes enfin.

Le lendemain, 10 octobre, à cinq heures du matin, nous reprîmes notre course. Les chemins que nous avions suivis pour arriver à Saint-Saba ne nous avaient guère paru praticables, mais ceux qu'il nous restait à parcourir pour atteindre la mer Morte l'étaient moins encore. En bien des endroits ils étaient dallés de larges pierres, sur lesquelles le pied des chevaux ne pouvait tenir ; on s'attendait, à chaque instant, à quelque fâcheux accident. Fatigués d'une marche si pénible, nous nous arrêtâmes un moment sur le plateau d'une montagne.

Pendant cette halte, en voulant relever un cheval qui se vautrait, le valet de chambre du prince reçut, en plein visage, un coup de pied qui lui fendit les lèvres et lui fracassa la mâchoire. Heureusement, le chirurgien major de la frégate (1), qui faisait partie de la suite, avait apporté une trousse complète. Le blessé fut aussitôt pansé ; mais il importait de le faire arriver promptement dans un lieu où il pût un peu se reposer. On l'expédia, en conséquence, à Jéricho par le chemin le plus direct.

Nous commençâmes enfin à apercevoir la mer Morte et les monts d'Arabie qui la bordent à l'Orient ; mais nous en étions encore bien éloignés. Les montagnes se succédaient,

---

(1) Le médecin-major Félix Géry, mort deux ans plus tard, dans toute la force de l'âge, victime de la cruelle épidémie de fièvre jaune qui sévit sur l'équipage de l'*Iphigénie*, à la Vera-Cruz. Ce chirurgien de mérite était l'un des fils du brave officier d'artillerie de marine Jean-Gabriel Géry, qui tomba mortellement atteint en repoussant à la tête de ses hommes, à La Ciotat, le 1er juin 1812, une tentative de débarquement opérée par l'escadre anglaise dans le but de brûler cette ville ; il était le frère du général de brigade Pierre Géry dont le nom a été donné, en souvenir de brillantes expéditions dans le Sud Oranais, à l'un des chefs-lieux de cercle de la subdivision de Mascara.

présentant toujours le même aspect et semblant fuir les unes devant les autres. La marche de la caravane était sans cesse ralentie par des passages extrêmement difficiles à franchir. Nous étions obligés de conduire nos chevaux par la bride ; ils n'en couraient pas moins le risque de s'abattre et de rouler dans les précipices.

Comme je me trouvais, en ce moment, en tête de la colonne, je pus jouir tout à l'aise, à l'extrêmité d'une longue côte, du coup d'œil pittoresque que présentait notre caravane.

L'espace qu'elle occupait n'était pas moindre d'une demi-lieue. Tous les cavaliers étaient à la file et, par surcroît de prudence, assez éloignés les uns des autres. Ici point de places distinctives. Entre un capitaine de corvette et un élève marchaient indifféremment l'arabe du désert au vêtement pauvre et grossier et l'élégant esclave du gouverneur ; le prince lui-même se trouvait confondu au milieu de tous.

Plusieurs d'entre nous (je n'étais pas de ce nombre) regrettaient déjà cette excursion à la mer Morte quand un sol crevassé, couvert de pierres et de roches calcinées, et une odeur sulfureuse nous annoncèrent que le gouffre dans lequel les cinq villes coupables furent ensevelies n'était pas éloigné.

En effet, nous venions de franchir la dernière croupe de montagnes. Nous n'avions plus devant nous qu'une bande de terrain sablonneux où nous crûmes reconnaître, au milieu de quelques autres arbustes, le fameux arbre de Sodome. Plus loin, nous remarquâmes de maigres touffes de roseaux et des herbes sauvages. C'est la seule trace de végétation qui existe sur ces lieux maudits.

A onze heures du matin, nous étions sur les bords de la mer Morte, sur le côté occidental, mais tout à fait vers le nord.

La mer Morte ou Asphaltite, qui est encore appelée lac

de Sodome, mesure de quinze à vingt lieues dans sa longueur. Elle est large de six à huit lieues seulement. Les eaux en sont très denses, sans l'être cependant au point excessif que l'on suppose d'ordinaire. Quelques-uns de nos chevaux s'y sont baignés : ils se mouillaient jusqu'au poitrail.

Quant au goût, il serait assez difficile de le définir. C'est quelque peu celui de l'eau de mer avec une salure plus prononcée, un mélange de soufre et je ne sais encore quelle autre substance qui pique le gosier et rend cette boisson absolument désagréable. On a cru, jusqu'à présent, qu'aucun poisson ne pouvait vivre dans ces eaux. Cette croyance serait mal fondée. Il paraît que l'on a trouvé dans le lac des poissons et des coquillages : ils seraient, toutefois, si mauvais qu'il serait impossible d'en manger (1).

On sait à quelles divergences d'opinions ont donné lieu les questions d'origine et de mode de formation de la mer Morte. De toutes les théories qui ont été émises, la plus plausible est peut-être celle de M. de Lamartine : elle s'accorde avec les données de la science, sans nuire à l'esprit de la Bible.

(1) Le fait de l'existence d'êtres vivants dans les eaux du lac Asphaltite n'a pas encore pu être établi et demeure fort peu vraisemblable. Les coquillages et les poissons que quelques voyageurs ont pris sur les bords étaient morts : ils pouvaient y avoir été entraînés par le Jourdain et les divers ruisseaux qui se jettent dans le lac. Voici, d'ailleurs, les résultats d'une analyse des eaux qui a été faite en 1882, avec le plus grand soin :

Pesanteur spécifique à 60°.............................	1,22
Chlorite de magnésium.................................	145,89
— de sodium.................................	78,55
— de calcium.................................	31,07
— de potassium.................................	6,58
Bromite	1,37
Sulfate de chaux.................................	0,70
	264,16
Eau.................................	735,84
Total des parties soumises à l'analyse....	1,000 »

A son extrémité nord, le lac reçoit le petit ruisseau formé par la fontaine d'Elisée. Nous y fîmes une halte d'une demi-heure, puis nous nous mîmes en marche pour le Jourdain. Nous l'atteignîmes à une lieue de son embouchure, après avoir franchi une plaine très sablonneuse.

Au point où nous abordâmes ce fleuve célèbre, dont le nom seul évoque de si grands et si touchants souvenirs, les rives en étaient couvertes de roseaux, de joncs et de divers arbrisseaux. Le lit m'en a paru avoir une centaine de pieds de largeur. Les eaux y étaient tellement bourbeuses et d'un goût si mauvais qu'il nous fallut poursuivre notre route sans nous être désaltérés. Elles ne sont vraiment potables qu'à une distance beaucoup plus grande de la mer Morte.

Nous nous éloignâmes du fleuve saint, que j'aurais voulu visiter à l'endroit même du baptême du Sauveur, sur ces bords bénis qui retentirent du témoignage du Très-Haut, et nous nous dirigeâmes vers Jéricho.

Pendant plusieurs heures, nous poursuivîmes notre marche, à travers le désert qui nous en séparait, sans rencontrer d'autres êtres vivants que quatre bédouins errants. Le pacha de Jérusalem, les jugeant propres au service militaire, les fit garroter et les contraignit à nous suivre; c'est ainsi que la conscription se pratique dans ce pays.

La soif s'ajoutait à la fatigue, pour nous faire sentir tout ce qu'elle a parfois de pénible. Aussi fut-ce une joie véritable que nous éprouvâmes lorsque nous aperçûmes, au milieu d'un champ cultivé, complanté de figuiers, de nopals et d'oliviers, un vaste caravansérail. Nous y entrâmes, sans remarquer l'absence de quelques-uns de nos compagnons de route. Il fallut remonter à cheval et se mettre à leur recherche. Nous tirâmes des coups de fusil : personne ne répondit à ce signal. Nos compagnons vinrent enfin nous rejoindre d'eux-mêmes, à l'hôtellerie, à l'exception d'un seul que nous devions retrouver à Jéricho.

Ils s'étaient laissé distancer par la caravane et, tandis qu'ils recherchaient leur route, étaient tombés au milieu d'un groupe d'arabes armés, non sans en avoir éprouvé quelque alarme; le hasard seul venait de les remettre sur nos pas.

Nous reprîmes bientôt notre route et après une heure et demie de marche à travers une belle plaine, naturellement fertile et bien cultivée, nous nous arrêtâmes sur les bords d'un ruisseau, tout près de la nouvelle Jéricho, qui n'est qu'un tout petit village (1).

De la Jéricho de Josué il ne demeure que le souvenir et l'emplacement. Nous n'y vîmes que les restes d'un aqueduc, construit probablement par les Romains (2).

Une tente fut dressée sur le bord du petit cours d'eau et l'on y installa le blessé que nous avions expédié dans la matinée pour Jéricho. Quant à nous, après un léger repas, nous nous installâmes, chacun à sa guise, de façon à passer la nuit le moins mal possible. Avec la plupart des membres de la caravane, je m'endormis au pied d'un arbre touffu. Le prince se coucha lui-même sur la terre, à nos côtés. L'escorte bivouaquait çà et là, à une certaine distance.

Vers minuit, le prince fut averti par des Arabes que cet arbre servait de refuge à des serpents qui, à cette heure-là,

---

(1) Er-Riha, près de l'Oued-el-Kelt, à deux kilomètres au sud de la cité chananéenne.

(2) Nos archéologues ne donnent pas à ces restes d'architecture une date aussi reculée : la plupart les attribuent aux Croisés. En retour, un certain nombre de *tells* qui s'élèvent dans l'enceinte présumée de la cité primitive et n'avaient pas encore attiré l'attention ont été reconnus dans ces derniers temps, grâce aux fouilles du capitaine Warren, comme autant de tertres artificiels construits en briques crues ou en pierres et remontant, suivant toute vraisemblance, à l'époque chananéenne. Sous l'un de ces tertres il a été découvert plusieurs anciens tombeaux avec leurs ossements.

en descendaient pour s'abreuver au ruisseau. Le prince nous réveilla aussitôt et nous en avisa.

Chacun de nous se mit en quête d'un nouveau gîte; mais à partir de ce moment, il nous fut impossible de goûter un sommeil paisible, grâce au miaulement des chacals qui venaient aussi se désaltérer non loin de nous.

VIII

De Jéricho à Musraha.

Le jour commençait à peine à paraître que tout le monde était déjà à cheval, frais et dispos comme si la nuit que nous venions de passer nous eût entièrement délassés des fatigues de la veille.

Le prince aurait désiré arriver le soir même à Naplouse. C'eût été possible, à la rigueur ; mais nous emmenions avec nous le blessé de la veille et, pour ne pas aggraver son état, nous dûmes ralentir notre marche.

Vers 11 heures, après un trajet peu intéressant à travers des plaines et des coteaux assez cultivés, nous arrivâmes à Taybeh, misérable petit village dont presque toute la population est musulmane (1). Nous y eûmes un déjeuner frugal et surtout à bon compte. Quatre à cinq poulets dont le gouverneur de Jérusalem dépouilla un muletier arabe qui avait eu le malheur de passer à sa portée, des raisins et des figues qu'il se procura de la même manière en composèrent le menu.

(1) C'est l'ancienne cité d'Ephraïm ou d'Ophrah, de la tribu de Benjamin ; il s'y trouve aujourd'hui quelques familles catholiques. Une mission y a été établie par Mgr Valerga.

A 3 heures nous nous remîmes en route ; à 5 heures nous parvenions à Musraha où il avait été décidé que nous passerions la nuit. Ce village est aussi triste que le précédent.

A défaut de toute particularité à y noter, le gouverneur de Jérusalem nous y donna un nouvel exemple de la façon dont l'autorité s'entend et s'exerce dans ce pays.

Le scheick ou maire de Musraha avait reçu l'ordre de désarmer ses administrés et d'envoyer tous les fusils à Jérusalem : il ne s'était pas encore exécuté. Assan-Bey pensa que cette négligence méritait une sévère punition et se réserva le soin de l'appliquer. Nous le vîmes fondre sur le scheick et lui donner, avec une vigueur peu mesurée, une trentaine de coups de cravache ; cette correction faite, il lui intima l'ordre de lui apporter cent cinquante fusils, avant notre départ, s'il n'aimait mieux recevoir d'ici là un même nombre de coups de bâton. Nous n'avons pas eu connaissance des suites de cette affaire.

Le terrain caillouteux sur lequel nous établîmes notre camp n'était guère de nature à nous ménager un coucher agréable ; mais il fallut bien s'en accommoder. Nous n'avions pu découvrir, autour de nous, un meilleur emplacement.

IX

De Musraha à Nazareth.

Le lendemain, 12 octobre, à 5 heures du matin, nous étions encore à cheval.

La route qui conduit de Musraha à Naplouse ne présente rien de remarquable, si ce n'est, surtout aux approches de Naplouse, de belles plantations d'oliviers. Elle est beaucoup plus longue qu'on ne nous l'avait dit.

Ce ne fut qu'à une heure de l'après-midi que nous fîmes notre entrée dans l'antique Sichem. Le gouverneur de la ville, qui s'était porté à notre rencontre avec un détachement de cavalerie, nous fit les honneurs de sa maison, une vaste habitation dans le goût oriental, commode et fort agréable. Des bassins d'une structure élégante et divers jets d'eau y entretenaient une grande fraîcheur. D'excellents rafraîchissements à la glace nous y furent servis.

Naplouse, l'ancienne Néapolis de Vespasien, l'ancienne Sichem de l'histoire sacrée, à laquelle se rattache le souvenir d'Abraham et de sa descendance immédiate, est aujourd'hui une des plus jolies villes de la Syrie (1). Les jardins qui l'entourent portent, avec toutes les productions des pays chauds, une multitude d'orangers et de citronniers d'une grosseur peu ordinaire.

Nous eûmes un véritable plaisir à visiter celui du gouverneur.

A 5 heures, on nous amena des chevaux frais et la caravane se reforma, au milieu d'une foule d'arabes que la curiosité avait attirés, mais que le bâton des esclaves du gouverneur tenait à l'écart.

Nous recommençâmes les courses pénibles des jours précédents, gravissant de nouveau des côtes escarpées pour descendre des pentes tout aussi abruptes. Les chemins, qui y sont fort mauvais par eux-mêmes, nous le parurent encore davantage avec la nuit qui vint nous surprendre fort loin de l'étape projetée.

Lorsque l'obscurité fut telle que nous ne distinguions

---

(1) Elle est aussi l'une des plus importantes. Elle compte actuellement environ 16,000 habitants, dont 600 sont chrétiens. Une mission catholique y a été fondée en 1862.

plus aucun objet, nous nous laissâmes conduire par nos chevaux ; mais combien de fois ne glissèrent-ils pas sur les larges pierres dont ces routes semblent pavées ? Enfin à 10 heures nous arrivâmes sains et saufs sur le penchant d'une colline où nous campâmes et passâmes la nuit.

Le lendemain, vers 5 heures, nous nous remîmes en route pour Nazareth.

Quelques moments après notre départ, nous ne fûmes pas peu surpris de voir venir à notre rencontre M. Jaurel, vice-consul à Beyrouth, et M. de Beaufort, l'un des aides de camp de Soliman-Pacha. Ces messieurs venaient présenter leurs hommages au prince et lui annoncer de la part de Soliman que tout était prêt pour le recevoir à Nazareth, où M. Parseval s'était d'ailleurs rendu. L'*Iphigénie* se trouvait à Caïffa.

Au bout de quatre à cinq heures de marche, nous fîmes halte sur les bords d'un ruisseau ombragé par des figuiers, tout près du petit village de Djenin, et nous y déjeunâmes. Des almées égyptiennes vinrent nous y donner un échantillon de leur talent chorégraphique.

Nous ne tardâmes pas à remonter à cheval, afin d'arriver le plus tôt possible à Nazareth.

A midi, nous nous engagions dans la plaine qui y conduit. Ce fut dans cette plaine que le 8 avril 1799, avec 500 hommes, Junot mit en déroute un corps d'armée turc.

Bientôt le mont Thabor s'offrit à nous, avec le souvenir de la Transfiguration, de ce prodige où l'Homme-Dieu laissa échapper, sur cette montagne, quelques rayons de sa gloire et qui a fourni à Raphaël le sujet de sa plus belle toile.

Tandis que nous approchions de Nazareth, Soliman-Pacha, ses aides de camp et M. Parseval vinrent au devant du prince. Nous n'eûmes plus qu'à contourner les pentes d'une colline pour nous trouver à l'entrée même de la petite ville qui donna le jour à la sainte Vierge (1) et à saint Joseph et dans laquelle le Sauveur passa les trente premières années de sa vie.

X

Nazareth.

Soliman-Pacha tint à nous conduire tout d'abord chez M. Cattafago, un riche italien qui habite le pays et se fait un plaisir de recevoir les étrangers.

Nous y fûmes parfaitement accueillis et traités. Nous y prîmes quelques instants de repos; puis nous allâmes visiter l'église de l'Annonciation qui est desservie par les Pères latins.

Cette église, l'une des plus célèbres de la Syrie, se divise en trois parties, sur des niveaux différents. La partie inférieure, occupée par les fidèles, communique à l'étage intermédiaire, qui est le chœur, au moyen de deux beaux escaliers accompagnés de balustrades dorées et disposés tout à fait dans le fond, l'un à gauche, l'autre à droite. Le chœur est entouré de stalles destinées aux Pères Franciscains et porte le grand autel. Il communique lui-même, par le moyen de deux autres rampes, avec la partie supé-

(1) L'opinion qui place la naissance de la sainte Vierge à Nazareth a été, dans ces derniers temps, soutenue par Mgr Mislin, dans son grand ouvrage des *Saints Lieux*, mais combattue, avec des arguments qui semblent péremptoires en faveur de la maison de saint Joachim et de sainte Anne, à Jérusalem, dans deux savantes dissertations : *L'antica Chiesa di Sant-Anna in Gerusalemme*, du R. P. Bassi ; *Sainte-Anne de Jérusalem et Sainte-Anne d'Auray*, par Mgr Lavigerie.

rieure qui appartient également aux religieux et conduit au couvent.

Directement au-dessous du chœur se trouve la grotte de l'Annonciation. On y descend par un escalier d'une trentaine de belles marches en marbre, situé sous un des escaliers du sanctuaire, au côté gauche de l'église. C'est dans cet étroit et sombre réduit que l'archange Gabriel vint annoncer à la Vierge qu'elle mettrait au monde « Celui que l'univers ne peut contenir » et que s'accomplit l'auguste mystère de l'Incarnation.

L'autel de la grotte en consacre le souvenir par les paroles de l'Evangéliste gravées sur la table et dans la paroi du fond : *Et Verbum caro factum est* ; et le Verbe s'est fait chair (1).

Sur le devant de l'autel se trouvent deux vieilles colonnes en marbre. L'une de ces colonnes a été coupée au milieu par les Turcs qui croyaient y trouver un trésor. La grotte est éclairée par une grande quantité de lampes suspendues et possède, ainsi que l'église, de beaux tableaux.

Elle communique avec plusieurs petites salles que l'on considère comme ayant fait partie de l'habitation de la sainte Vierge.

On voit encore dans la ville une maison bâtie sur l'emplacement de l'atelier de saint Joseph, une fontaine publique dite *Fontaine de Marie* (2) et la maison de sainte Elisabeth.

La ville de Nazareth est, sous certains rapports, ce qu'elle était il y a dix-huit siècles. Nombre d'anciennes coutumes, de vieux usages s'y seraient, paraît-il, conservés. Le vêtement, même, s'y est peu sensiblement transformé.

(1) L'inscription qui s'y trouve aujourd'hui est celle-ci : *Verbum caro hic factum est*. On prétend qu'elle est ancienne.
(2) Cette fontaine, qui pourrait bien avoir existé au temps de la sainte Vierge, a été complètement remaniée en 1862.

La visite de la ville terminée, nous retournâmes chez M. Cattafago pour y passer la soirée. Un chanteur arabe nous y fit entendre un *Malborough* en langue du pays qui nous amusa singulièrement. Nous nous retirâmes ensuite, de très bonne heure, chez les Pères Franciscains qui nous avaient préparé des chambres dans leur couvent et où nous trouvâmes les mêmes attentions et les mêmes soins que dans les autres couvents de Terre-Sainte.

Notre départ était fixé pour le lendemain matin, à 5 heures.

XI

De Nazareth à Caïffa.

Le lendemain, à l'heure fixée, nous prîmes congé de nos hôtes et nous nous mîmes en route.

Notre escorte ordinaire s'était augmentée d'un escadron de lanciers ; Soliman-Pacha, ses aides de camp et plusieurs gouverneurs avaient tenu à accompagner le prince.

Les deux premières heures de marche furent un peu pénibles ; mais le restant du trajet fut tout autre. Nous venions d'entrer dans la vaste et belle plaine qui s'étend jusqu'à Caïffa. Elle était alors couverte de plantations de maïs et de coton, ce qui n'empêcha pas nos guides de nous la faire traverser dans tous les sens.

Chemin faisant, les Arabes nous donnèrent une représentation du *djérid*.

Ce jeu, qui nous divertit fort, est une espèce de jeu de

barres exécuté à cheval. Les joueurs s'y poursuivent au grand galop en se lançant de petits bâtons en guise de javelots, tout cela suivant des règles convenues. Ce fut pour nous un curieux spectacle de voir se provoquer, se mêler et se croiser en tous sens ce grand nombre d'Arabes diversement habillés et équipés : le costume oriental s'y faisait valoir dans toute sa richesse et dans toute sa variété d'expression. Nous pûmes le comparer au nôtre et nous prononcer, en ne consultant que l'art.

Le prince s'essaya, avec nous, à ce jeu; la vitesse de son cheval lui donnait toute facilité pour nous atteindre et, à son tour, esquiver notre approche.

Bientôt nous découvrîmes la frégate et le *Ducouëdic*, mouillés à une assez grande distance de terre : Caïffa ne devait pas être fort éloignée. Nous ne tardâmes pas, effectivement, d'y faire notre entrée, salués de vingt-et-un coups de canon.

Il était onze heures. Nous nous rendîmes chez l'agent consulaire français, qui est un italien. Un déjeuner nous y fut servi, avec le mouton traditionnel des orientaux, rôti tout entier.

Caïffa est une petite ville toute récente, dont l'origine ne remonte pas au delà de la seconde moitié du siècle dernier (1). C'est dans son voisinage, sur l'un des sommets de la montagne qui la domine, à environ trois quarts de lieue, que se trouve le couvent de Notre-Dame du Mont-Carmel. Ce couvent, qui avait été plusieurs fois saccagé et pillé par les Musulmans, fut renversé de fond en comble en 1821, par ordre d'Abdallah, pacha de Saint-Jean d'Acre. Sur les remontrances de la France, le gouvernement turc contraignit le pacha à tout reconstruire à ses

---

(1) Population actuelle : environ 6,000 habitants, dont 1,000 chrétiens et autant de juifs; le surplus est composé de musulmans.

frais. Après bien des lenteurs et bien des difficultés, le prix d'estimation des anciens bâtiments fut enfin versé entre les mains des Carmes. Charles X y ajouta une somme importante. D'abondantes souscriptions furent recueillies et les religieux purent élever à neuf le vaste couvent et la belle église que l'on voit aujourd'hui. Des frais considérables étant encore à solder, des Pères du Mont-Carmel se sont rendus en Europe pour y recueillir de nouvelles aumônes ; l'un de ces religieux se trouve en ce moment en France.

L'église du Mont-Carmel renferme une grotte transformée en crypte et connue sous le nom de grotte d'Elie. D'après la tradition, elle aurait été habitée par les prophètes Elie et Elisée. On voit encore, sur les flancs de la montagne, une multitude d'autres excavations qui ont également servi d'asiles aux pieux solitaires du Carmel.

Nous n'eûmes pas le temps de faire cette ascension.

A quatre heures, nous regagnâmes le bord. Soliman-Pacha et les gouverneurs y accompagnèrent le prince ; il y eut dîner chez le commandant. Peu après le repas, un canot ramena à terre les invités.

Une salve de quinze coups de canon salua Soliman.

XII

Excursion à Saint-Jean d'Acre.

Le lendemain, 15 octobre, à cinq heures du matin, nous descendîmes à terre pour accompagner le prince à Saint-Jean d'Acre.

La route qui y mène de Caïffa ne s'éloigne jamais de la mer : elle est excellente et toujours en terrain plat. Nous en fîmes la plus grande partie au galop. Le rivage que nous longions était semé des débris des bâtiments que la tempête y avait jetés. Cette côte est, en effet, peu sûre, quoiqu'elle soit moins mauvaise que celle de Jaffa.

Après trois heures de marche nous nous trouvâmes en vue de l'ancienne Ptolémaïs, l'antique Acco de la tribu d'Aser.

On sait quels sièges mémorables cette ville a subis non seulement dans l'antiquité, mais encore pendant les Croisades et jusque dans les guerres récentes. L'échec que Bonaparte y essuya est à regretter à tous les points de vue. Sans cet insuccès qui décida l'abandon de la Syrie nous verrions peut-être aujourd'hui la civilisation régénérer une portion importante de l'Orient. Il est toutefois permis de se demander si cette haute visée était dans la pensée de Bonaparte, si le vainqueur des Pyramides, en pénétrant en Asie, pouvait avoir d'autres projets que d'aller détruire le commerce anglais dans l'Inde.

Sous les murs de la ville, le sol était encore jonché de bombes et de boulets. Nous y passâmes devant le front d'un régiment de ligne égyptien. Le tambour battit aux champs, les soldats présentèrent les armes : on se serait cru en France.

Soliman nous pria de voir manœuvrer le 12me de cavalerie qui ne se tira pas mal d'affaire. Le colonel fut complimenté par le prince : c'était chez lui que nous devions descendre.

Notre entrée dans la ville fut triomphale. Le régiment de cavalerie nous précédait ainsi que notre escorte ordinaire. Le prince, les personnes de sa suite, les officiers supérieurs de la garnison de Saint-Jean d'Acre suivaient derrière, à cheval. Un escadron de lanciers et le régiment de ligne fermaient la marche.

Le colonel du 12°, Ackould-Bey, nous donna un dîner arabe sans assiettes, ni fourchettes. Plus de soixante plats, consistant la plupart en rôtis ou en pilaus, figurèrent sur la table. La présence du vin rompait, seule, la couleur locale.

Nous parcourûmes ensuite la ville dont l'aspect, sur bien des points, pourrait être comparé à celui d'une ruine. La plupart des maisons ont, en effet, conservé les empreintes et les traces béantes des derniers bombardements ; un certain nombre entièrement écroulées ont été abandonnées par leurs propriétaires. Les remparts ne sont réparés qu'en partie (1).

Nous visitâmes l'hôpital militaire, la maison d'Abdallah-Pacha, gouverneur militaire lors du dernier siège, et la Grande Mosquée. Près de cette mosquée se trouve le tombeau de Djezzar-Pacha qui défendit la ville en 1799. Saint-Jean d'Acre possède une petite église catholique et un couvent desservi par trois ou quatre franciscains.

Le moment de notre départ approchait. Il fallut nous remettre en route pour Caïffa, où le prince désirait être rendu d'assez bonne heure, dans l'après-midi. Nous y arrivâmes vers 5 heures.

Avec l'excursion de Saint-Jean d'Acre s'est terminé le voyage du prince de Joinville en Palestine, un voyage que je me rappellerai toujours avec plaisir.

---

(1) Ils ne l'étaient pas davantage quatre ans plus tard, lorsque les vaisseaux anglais et autrichiens, sous le commandement des amiraux Napier et Stapford, vinrent s'embosser devant cette place, pour la bombarder. Aussi fut-elle, cette fois, contrainte à se rendre sans aucune résistance.

Depuis lors, de nouvelles fortifications ont été construites. La ville elle-même s'est relevée et agrandie ; elle renferme actuellement une population de 12,000 habitants, dont 3,000 sont chrétiens.

Les villes et les diverses localités que nous avons visitées, les monuments et les vestiges du passé, les sites qui se sont déroulés sous nos yeux se sont assez gravés dans mon souvenir pour que les traits essentiels ne s'y effacent jamais. J'oublierais bien moins encore les impressions de toute sorte que j'ai éprouvées au cours de ce pèlerinage au berceau de notre foi, aux lieux qui ont été si souvent les témoins de la vaillance de nos pères. Elles sont de celles qu'il suffit d'avoir ressenties une fois pour en trouver toujours un fidèle écho, au plus profond de l'âme.

Le 18 octobre, aux premières heures du jour, l'*Iphigénie* faisait voile pour la France...

TABLE

	Pages
Au lecteur...	5
I. De Toulon à Jaffa...	7
II. De Jaffa à Jérusalem...	10
III. La Voie Douloureuse, le Saint-Sépulcre, le couvent Saint-Sauveur...	16
IV. L'emplacement du temple de Salomon et les mosquées...	26
V. Visites hors les murs...	32
VI. De Jérusalem à Bethléem, par Saint-Jean...	39
VII. De Bethléem à Jéricho...	43
VIII. De Jéricho à Musraha...	50
IX. De Musraha à Nazareth...	51
X. Nazareth...	54
XI. De Nazareth à Caïffa...	56
XII. Excursion à Saint-Jean d'Acre...	58
Carte de la Palestine...	3

Marseille. — Imprimerie Marseillaise, rue Sainte, 39.

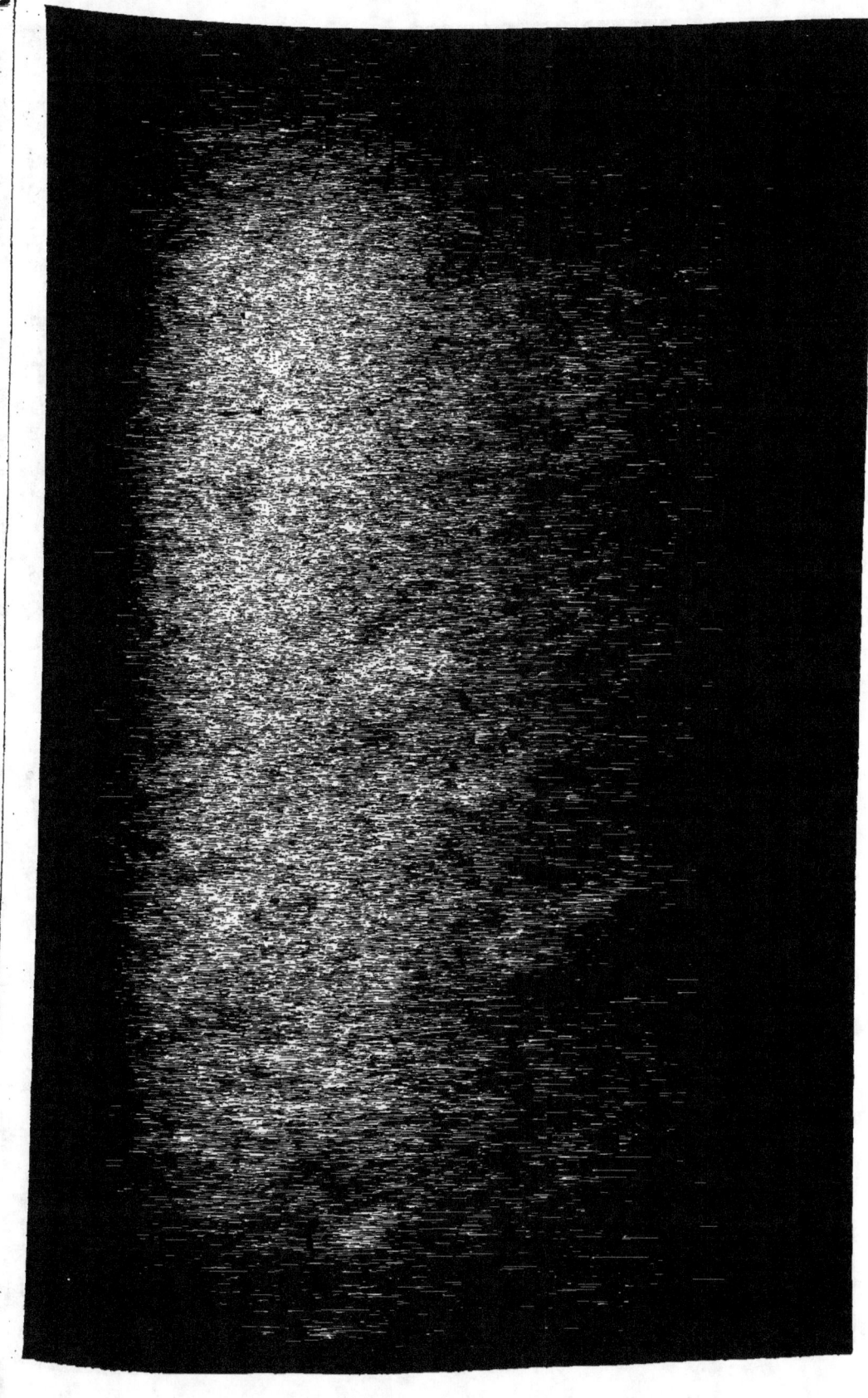

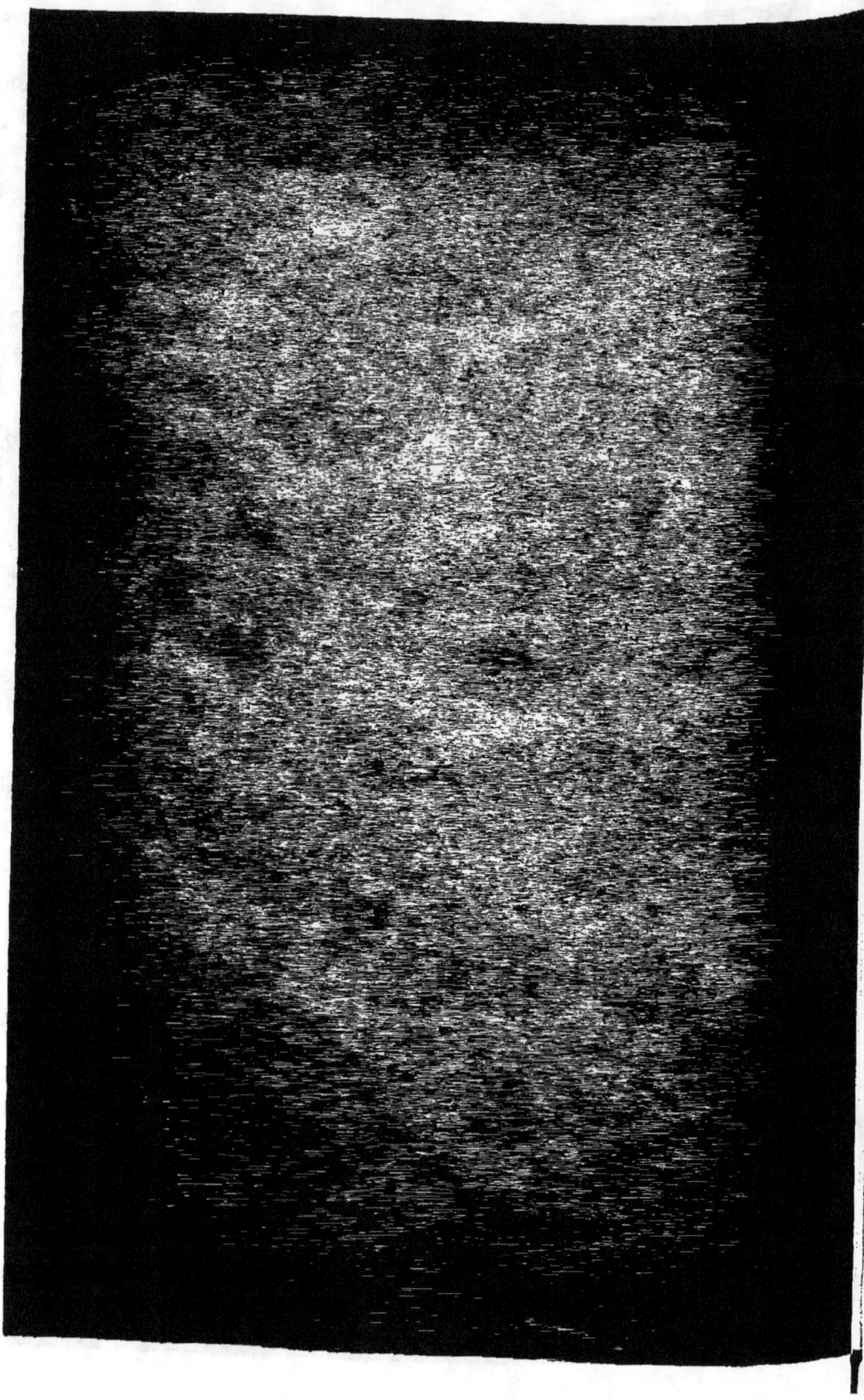

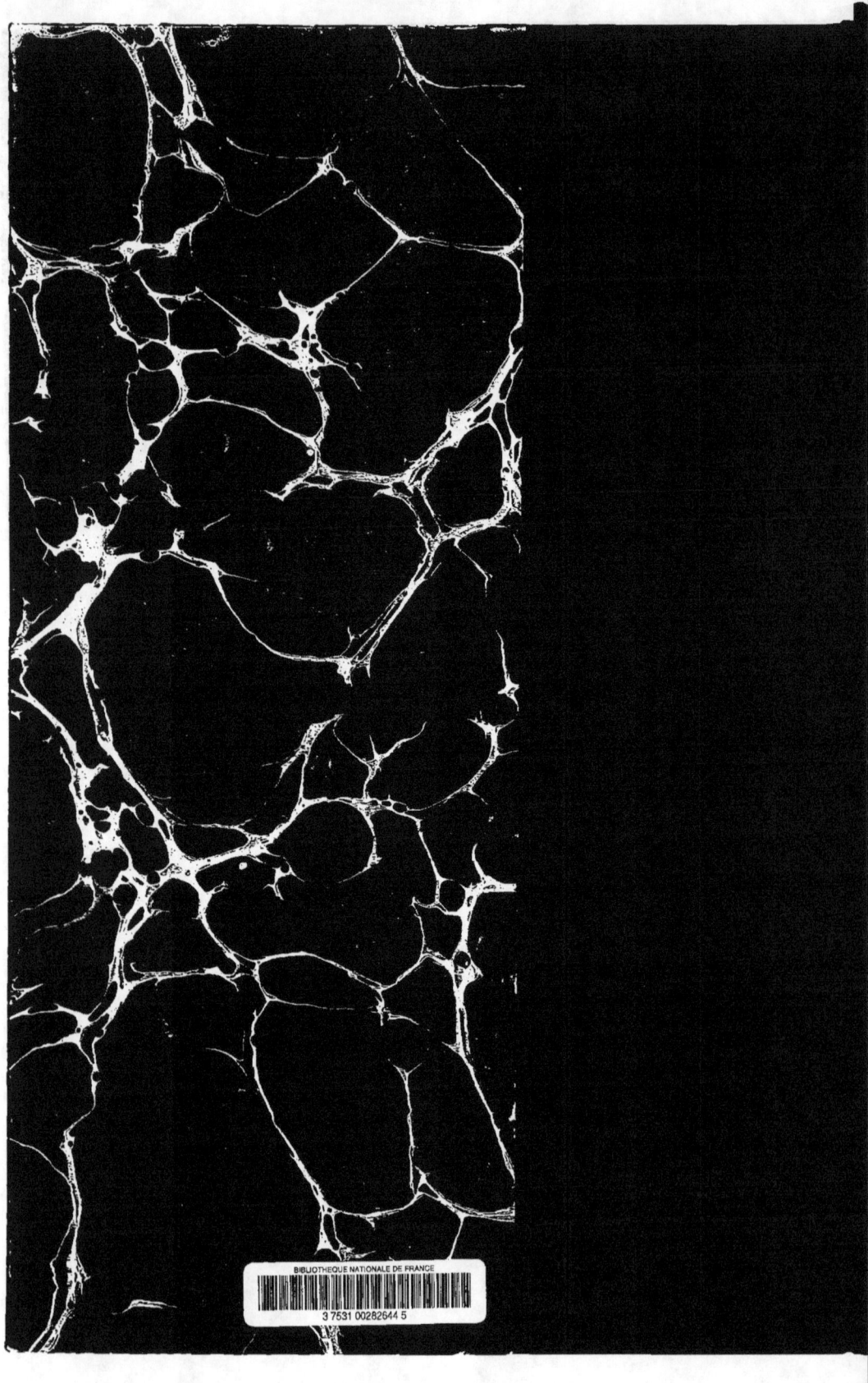

www.ingramcontent.com/pod-product-compliance
Lightning Source LLC
LaVergne TN
LVHW020945090426
835512LV00009B/1716